CÓMO DIBUJAR
MANGA

Volumen 3

Aplicación y práctica

Curso de perfeccionamiento para principiantes

NORMA
Editorial

EL PROPÓSITO DEL VOLUMEN 3

Todo el mundo sabe que la mejor manera para mejorar es que copiéis de vuestros mangas favoritos. No obstante, si se dibuja página tras página sin una planificación rigurosa no se aprenden los principios necesarios y se progresa más lentamente. Este volumen presenta detalladamente las técnicas, las convenciones y los principios que te permitirán desarrollar tu capacidad a una velocidad sorprendente. Éste es un manual técnico como pocos.

En los dos primeros volúmenes de esta colección se explicaron los fundamentos del manga. Sin embargo, no es suficiente para dominar una disciplina tan complicada. Este tercer volumen explica cómo aplicar todas esas pautas al dibujo del manga y a las situaciones reales de la práctica profesional.

Éste es un libro ideal para todas aquellas personas, de cualquier edad, que tengan la intención de dibujar manga en el futuro. Pero también constituye una obra muy útil para los dibujantes (profesionales aparte) que, a pesar de tener una larga experiencia, sienten que se han quedado estancados.

CÓMO DIBUJAR MANGA 3: APLICACIÓN Y PRÁCTICA. (Col. Biblioteca Creativa nº 5). Segunda edición Noviembre 2002. Publicación de NORMA Editorial, S.A. Fluvià, 89. 08019 Barcelona. Tel.: 93 303 68 20 - Fax: 93 303 68 31. E-mail: norma@normaeditorial.com. How to Draw Manga Volume 3: Compiling Application and Practice © 1996 by The Society for the Study of Manga Techniques. First published in Japan in 1996 by Graphic-sha Publishing Co., Ltd. This Spanish edition was published in Spain in 2002 by NORMA Editorial, S.A. El resto del material así como los derechos por la edición en castellano son © 2002 NORMA Editorial, S.A. Traducción: Emilio Gallego y María Ferrer Simó. Maquetación: Estudio Fénix. ISBN: 84-8431-390-5. Depósito legal: B-39715-2002. Printed in the EU.

www.NormaEditorial.com

ÍNDICE

PARA QUIÉN SE DIBUJA

Guión y dibujo
Takehiko Matsumoto

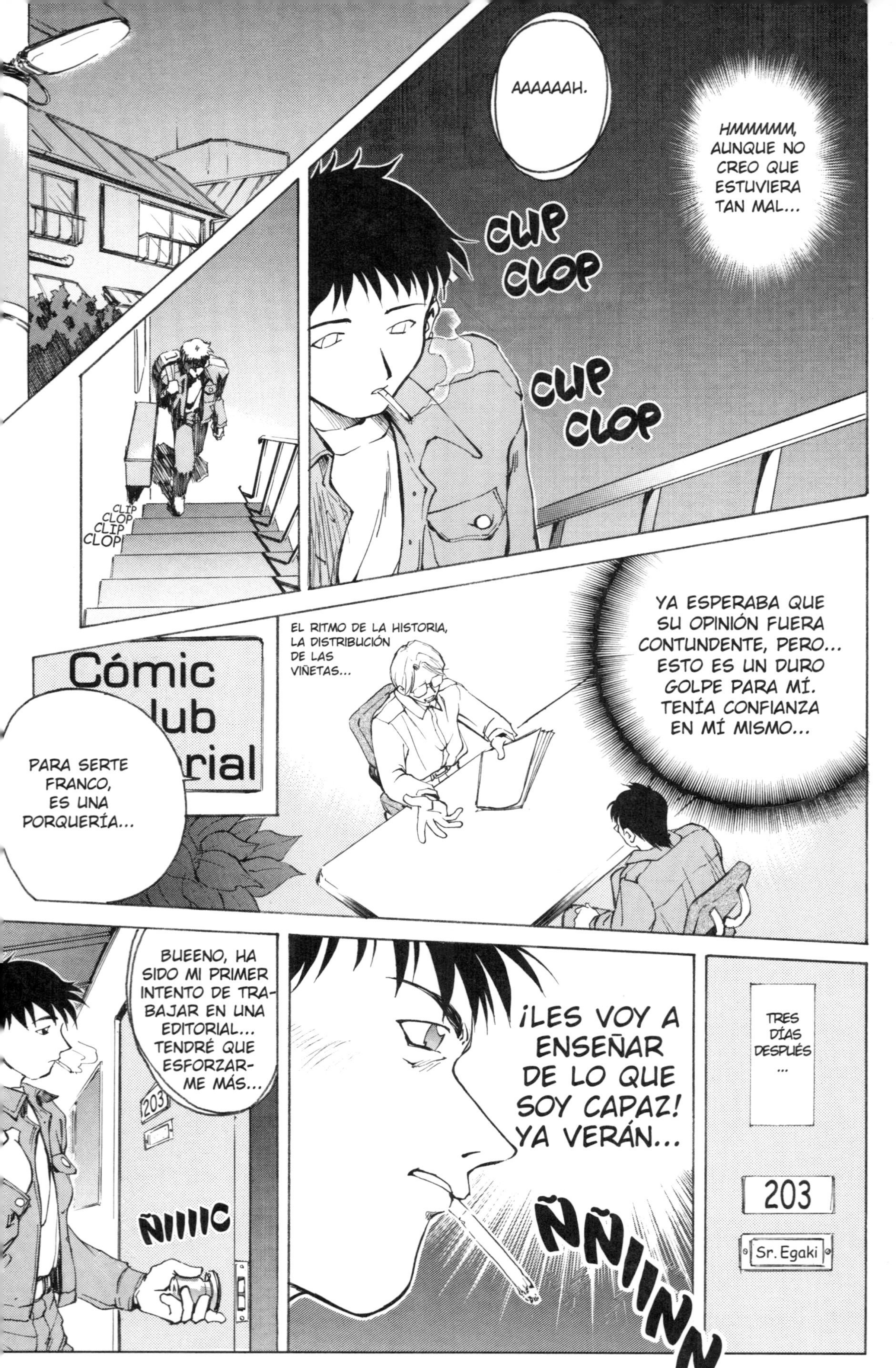
AAAAAAH.
HMMMMMM, AUNQUE NO CREO QUE ESTUVIERA TAN MAL...
CLIP CLOP
CLIP CLOP
CLIP CLOP CLIP CLOP
Cómic
PARA SERTE FRANCO, ES UNA PORQUERÍA...
EL RITMO DE LA HISTORIA, LA DISTRIBUCIÓN DE LAS VIÑETAS...
YA ESPERABA QUE SU OPINIÓN FUERA CONTUNDENTE, PERO... ESTO ES UN DURO GOLPE PARA MÍ. TENÍA CONFIANZA EN MÍ MISMO...
BUEENO, HA SIDO MI PRIMER INTENTO DE TRA-BAJAR EN UNA EDITORIAL... TENDRÉ QUE ESFORZAR-ME MÁS...
203
ÑIIIIC
¡LES VOY A ENSEÑAR DE LO QUE SOY CAPAZ! YA VERÁN...
ÑÑIINN
TRES DÍAS DESPUÉS ...
203
Sr. Egaki

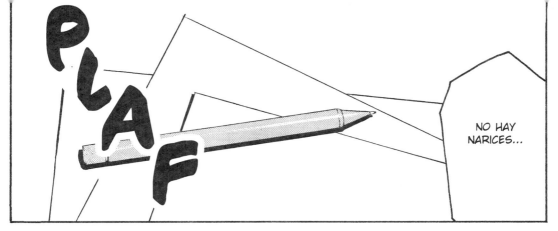

NO HAY
NARICES...

¡NO ME
SALE
NADA!

GRRR

...

PLOM

QUÉ
SE LE VA
A HACER...

HAMUCŪ
STAR

BEER

CLIC

QUIERO LEER
UN MANGA
QUE ME
IMPRESIONE.

PLAC FSSHHH

ALGO INTERESANTE... LA CLAVE SON LOS GAGS.

ALGO MUY DIVERTIDO.

LO PRIMERO ES EL GUIÓN, ¡UNA HISTORIA SORPRENDENTE!

¡ESCENAS CÓMICAS!

¡SERÁ GENIAL!

¡UN GRAN HÉROE!

Y ALGO DE...

...¡ACCIÓN!

¿QUIÉN... QUIÉN ES?

¿LO HAS OÍDO?

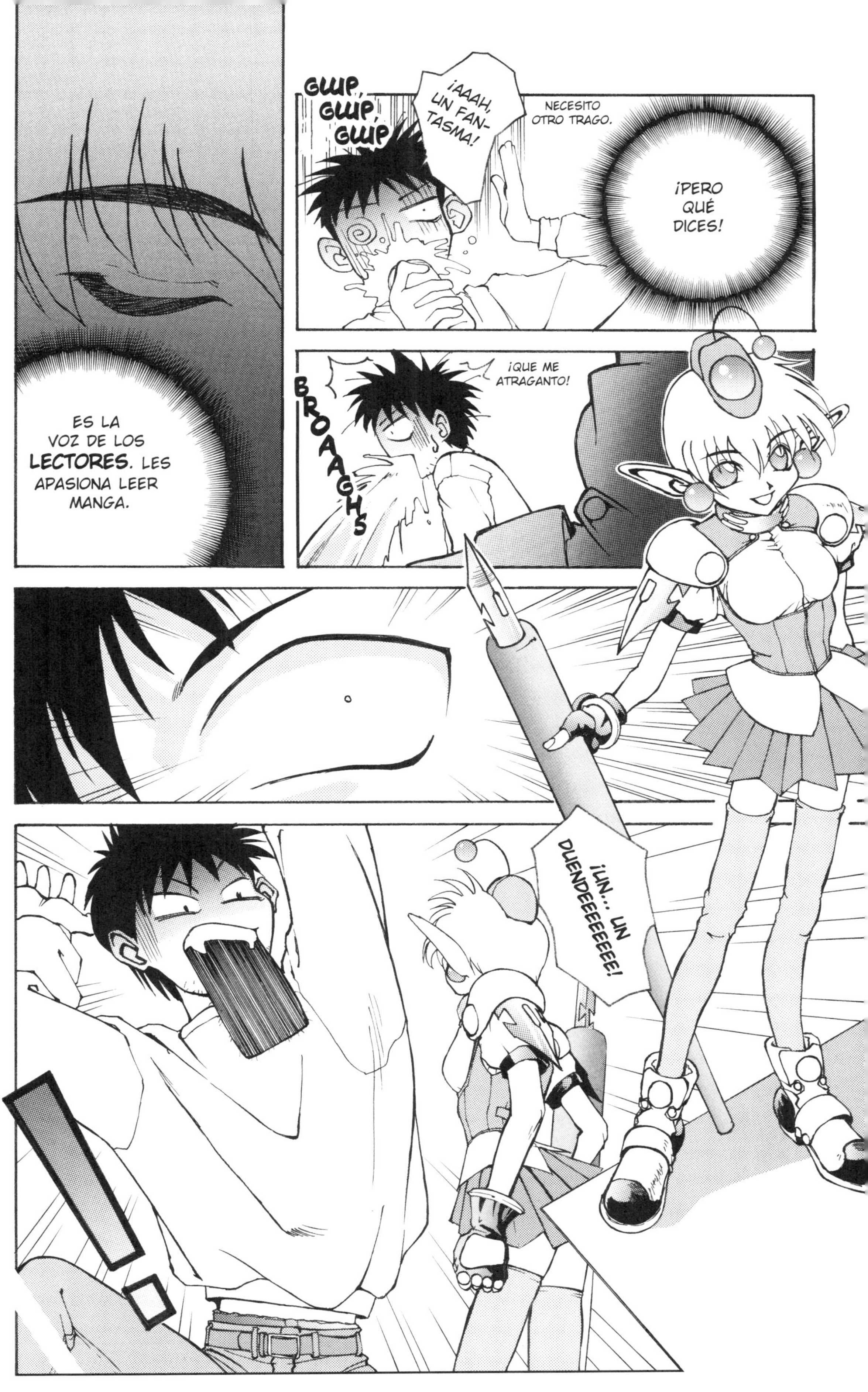
¡PERO QUÉ DICES!
NECESITO OTRO TRAGO.
¡AAAH, UN FANTASMA!
GLUP, GLUP, GLUP
¡QUE ME ATRAGANTO!
BROAAAGHS
ES LA VOZ DE LOS **LECTORES**. LES APASIONA LEER MANGA.
¡UN... UN DUENDEEEEEEEE!

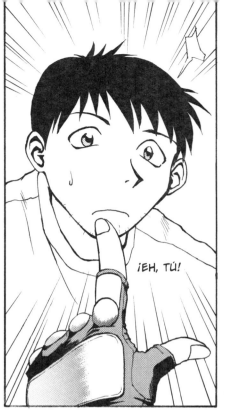

ASÍ QUE LOS DUENDES SE APARECEN CUANDO UNO ESTÁ EN CRISIS...

MÁS O MENOS...

¡EH, TÚ!

¿ERES DE VERDAD?

PUES CLARO...

...Y HE VENIDO PARA AYUDARTE A DIBUJAR BIEN.

ES QUE... AHORA MISMO...

STAR DRY

BEER

ACABAS DE OÍR LA VOZ DE LOS LECTORES, ¿NO?

Y AUN ASÍ, ¿NO TE SALE?

HE INTENTADO QUE SEA INTERESANTE...

...Y QUE LES GUSTE A LOS LECTORES.

PERO UNA VEZ TERMINADO...

PARA SERTE FRANCO, ES UNA PORQUERÍA...

...

MMMMMM

¿POR QUÉ NO ME ENSEÑAS TUS IDEAS?

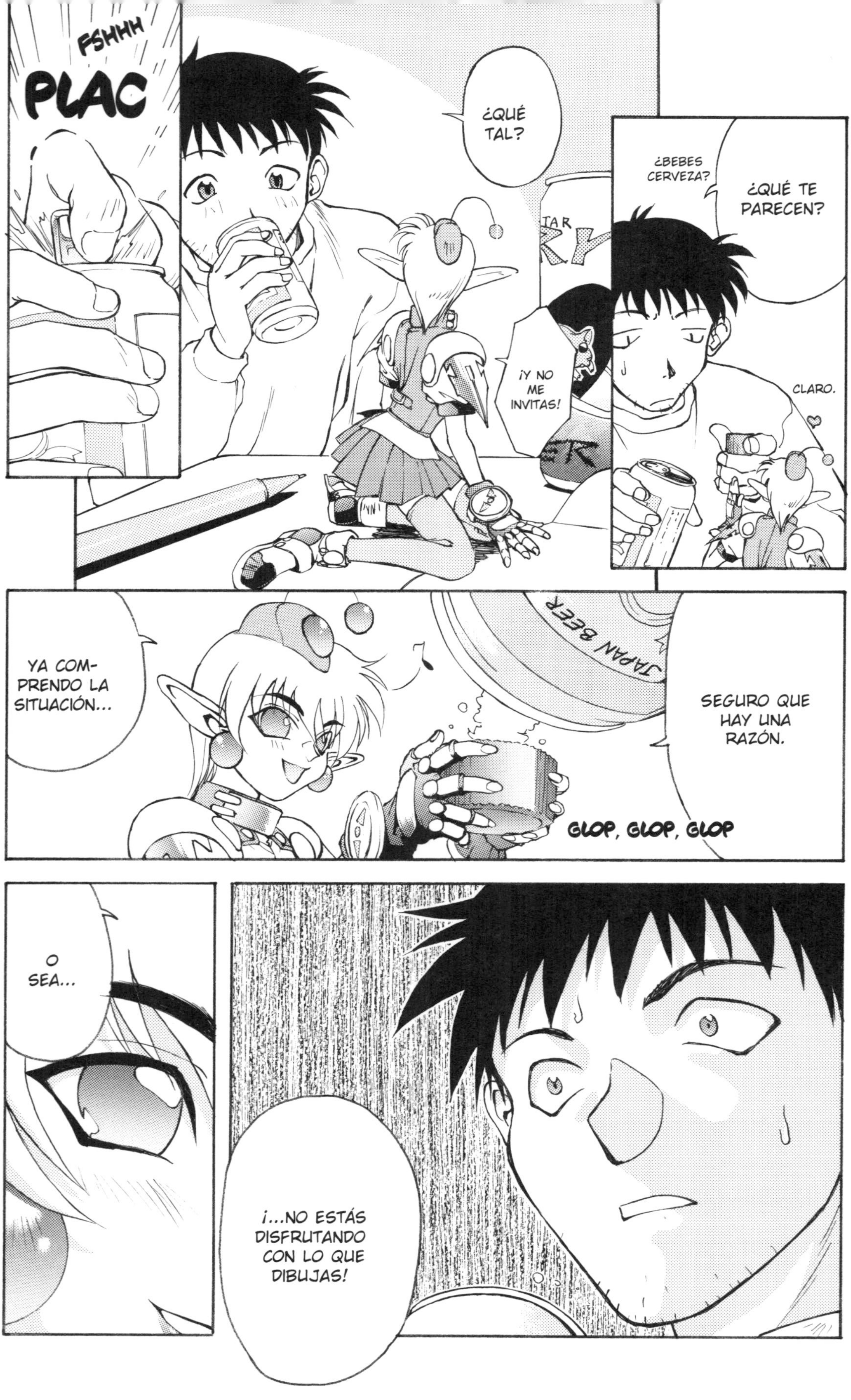
FSHHH
PLAC
¿QUÉ TAL?
¡Y NO ME INVITAS!
¿BEBES CERVEZA?
¿QUÉ TE PARECEN?
CLARO.
JAPAN BEER
YA COMPRENDO LA SITUACIÓN...
SEGURO QUE HAY UNA RAZÓN.
GLOP, GLOP, GLOP
O SEA...
¡...NO ESTÁS DISFRUTANDO CON LO QUE DIBUJAS!

SERÁ ESO... SOY UN ABURRIDO...

JA, JA, JA

¡NO ES ESO!

EL PROBLEMA ES QUE...

...SI TÚ NO DISFRUTAS DIBUJANDO, ¿CÓMO QUIERES QUE LA GENTE DISFRUTE CON TU TRABAJO?

¿TE GUSTÓ TRABAJAR EN ESAS IDEAS? ¿FUE DIVERTIDO?

!

SÓLO PENSABA EN DEMOSTRAR DE LO QUE SOY CAPAZ... Y EN LLEGAR A PROFESIONAL A TODA COSTA...

EN EL MANGA...

...EL ALMA DEL AUTOR IMPREGNA EL GUIÓN Y EL DIBUJO.

DARLE UN GIRO A LA HISTORIA, CREAR PERSONAJES CAUTIVADORES...

PENSAR Y DESARROLLAR LA HISTORIA ES LO DIVERTIDO, ¿NO CREES?

Y... TIENES QUE PLASMARLO EN PAPEL.

AUNQUE... ÉSA ES LA PARTE DIFIÍCIL.

JA, JA, JA...

ASÍ ES LA VIDA DE LOS PROFESIONALES, VETE ACOSTUMBRANDO...

TIENES RAZÓN...

MUCHAS GRACIAS, DUENDECILLA.

¡QUÉ ALIVIO! SIENTO QUE AHORA SABRÉ DISFRUTAR DIBUJANDO.

¡ÁNIMO!

¡BEBAMOS UN POCO MÁS PARA CELEBRARLO!

GRACIAS.

¡VALE!

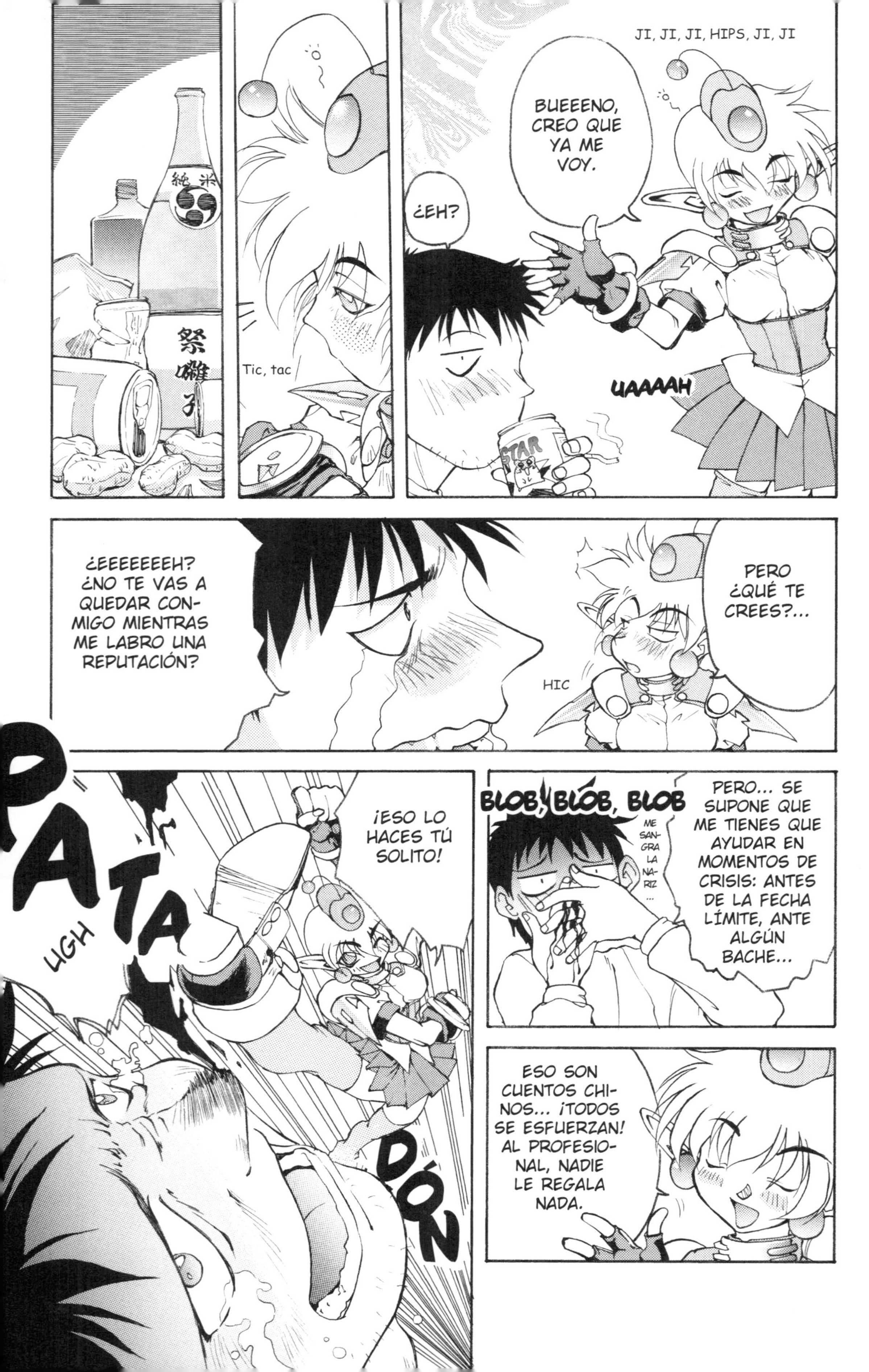
Tic, tac
JI, JI, JI, HIPS, JI, JI
BUEEENO, CREO QUE YA ME VOY.
¿EH?
UAAAAH
¿EEEEEEEH? ¿NO TE VAS A QUEDAR CONMIGO MIENTRAS ME LABRO UNA REPUTACIÓN?
HIC
PERO ¿QUÉ TE CREES?...
PATA
UGH
¡ESO LO HACES TÚ SOLITO!
DÓN
BLOB, BLÓB, BLOB
ME SANGRA LA NARIZ...
PERO... SE SUPONE QUE ME TIENES QUE AYUDAR EN MOMENTOS DE CRISIS: ANTES DE LA FECHA LÍMITE, ANTE ALGÚN BACHE...
ESO SON CUENTOS CHINOS... ¡TODOS SE ESFUERZAN! AL PROFESIONAL, NADIE LE REGALA NADA.

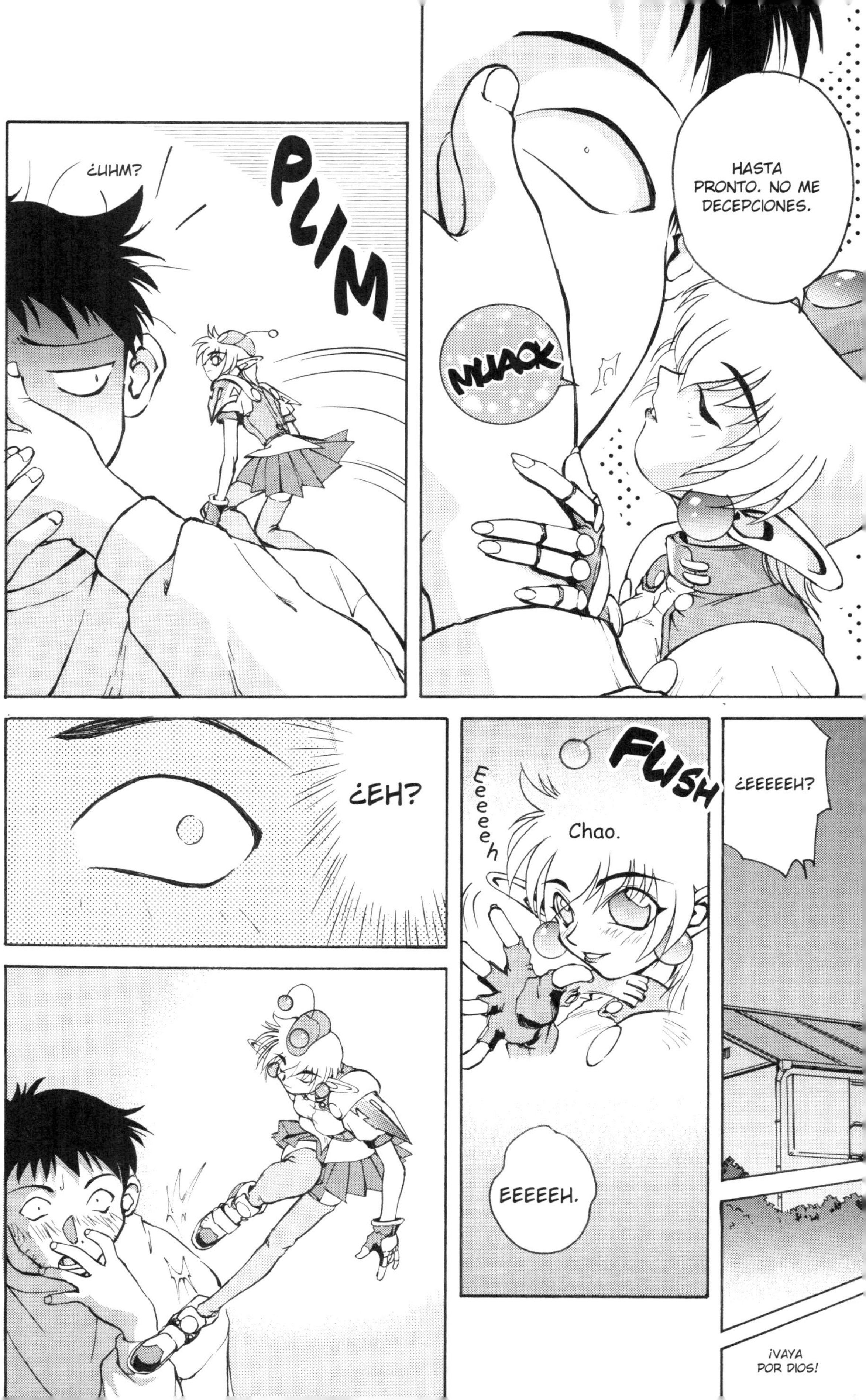
HASTA PRONTO. NO ME DECEPCIONES.
MUACK
PLIM
¿UHM?
FUSH
¿EEEEEH?
Eeeeeh
Chao.
¿EH?
EEEEEH.
¡VAYA POR DIOS!

HMMMMM.

¿HA SIDO UN SUEÑO?

SERÁ MEJOR QUE ME LAVE LA CARA...

¡UAAAAH!

... !

UN MOMENTO...

ESTE TAPÓN...TIENE CARMÍN... Y HAY UN POCO DE CERVEZA DENTRO...

UN ESPEJO.

CHAS

¡NO LO HE SOÑADO!

ENTENDIDO.

PARA EMPEZAR, TENGO QUE DISFRUTAR DIBUJANDO...

Y UN AÑO DESPUÉS, CONSIGUIÓ FELIZMENTE METERSE EN EL GRUPO DE LOS DIBUJANTES PROFESIONALES, PERO...

¡A POR TODAS!

CÓMO PEGA EL SOL...

RIQUI RIQUI

...ESO NO SIGNIFICA QUE PUDIERA SUBSISTIR CON ESE TRABAJO INMEDIATAMENTE. ES NECESARIO SUFRIR MUCHO PARA LLEGAR HASTA ALLÍ AUNQUE... ÉSA ES OTRA HISTORIA...

¿QUÉ OS HA PARECIDO LA HISTORIA?

ME LLAMO EGAKI, SOY DIBUJANTE DE MANGA.

YO ME LLAMO SUIKA. SOY SU AYUDANTE.

EJEM, HUM

¿OS HA GUSTADO? LA HISTORIA QUE ACABAÍS DE LEER ME OCURRIÓ HACE MÁS DE DIEZ AÑOS.

Y DALE...

¡DEJA DE CHULEAR!

PLAS

NO TE HAGAS EL INTERE-SANTE.

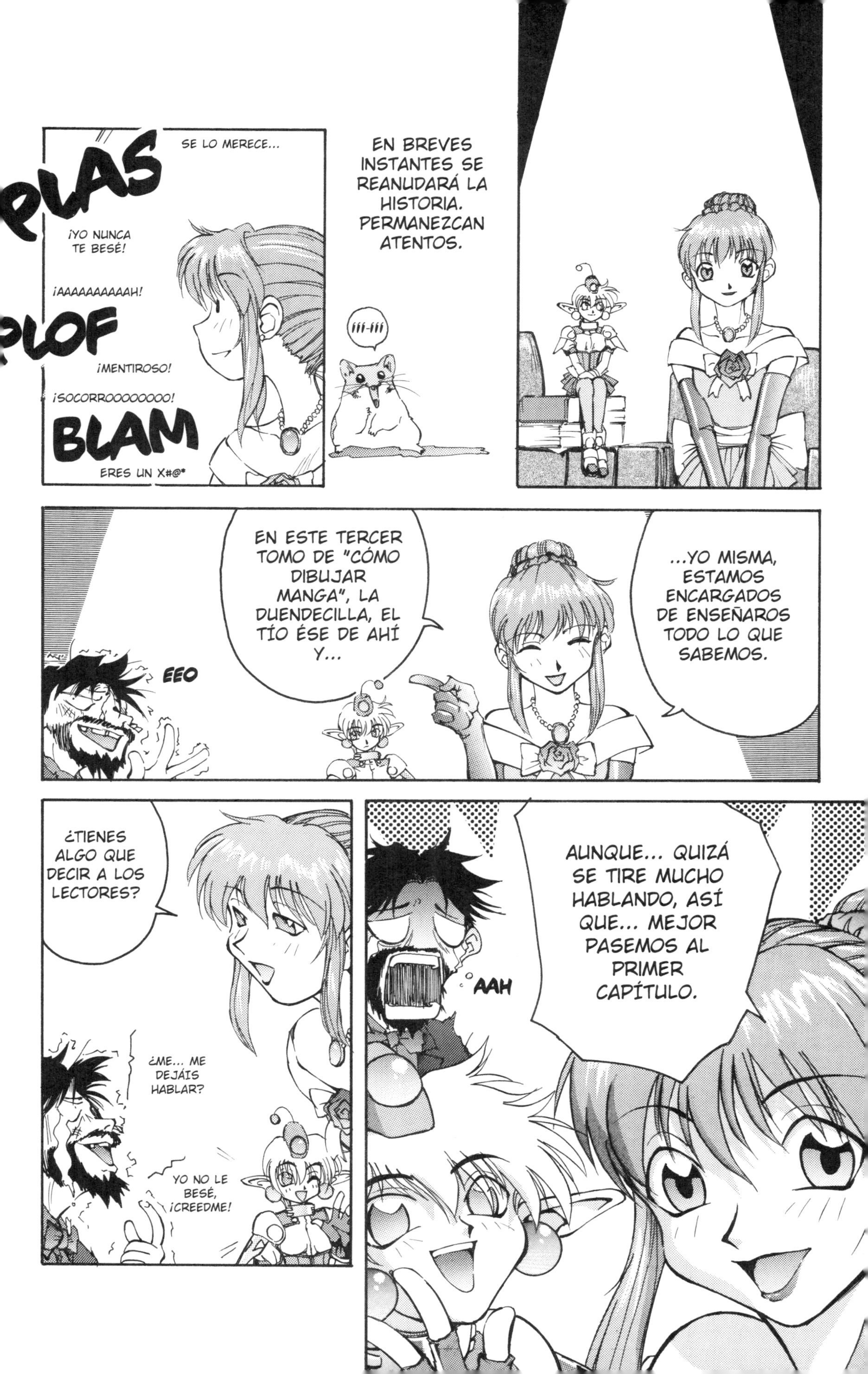

SE LO MERECE...
PLAS
¡YO NUNCA TE BESÉ!
¡AAAAAAAAAAH!
PLOF
¡MENTIROSO!
¡SOCORROOOOOOOO!
BLAM
ERES UN X#@*
¡¡¡-¡¡¡
EN BREVES INSTANTES SE REANUDARÁ LA HISTORIA. PERMANEZCAN ATENTOS.
EEO
EN ESTE TERCER TOMO DE "CÓMO DIBUJAR MANGA", LA DUENDECILLA, EL TÍO ÉSE DE AHÍ Y...
...YO MISMA, ESTAMOS ENCARGADOS DE ENSEÑAROS TODO LO QUE SABEMOS.
¿TIENES ALGO QUE DECIR A LOS LECTORES?
¿ME... ME DEJÁIS HABLAR?
YO NO LE BESÉ, ¡CREEDME!
AAH
AUNQUE... QUIZÁ SE TIRE MUCHO HABLANDO, ASÍ QUE... MEJOR PASEMOS AL PRIMER CAPÍTULO.

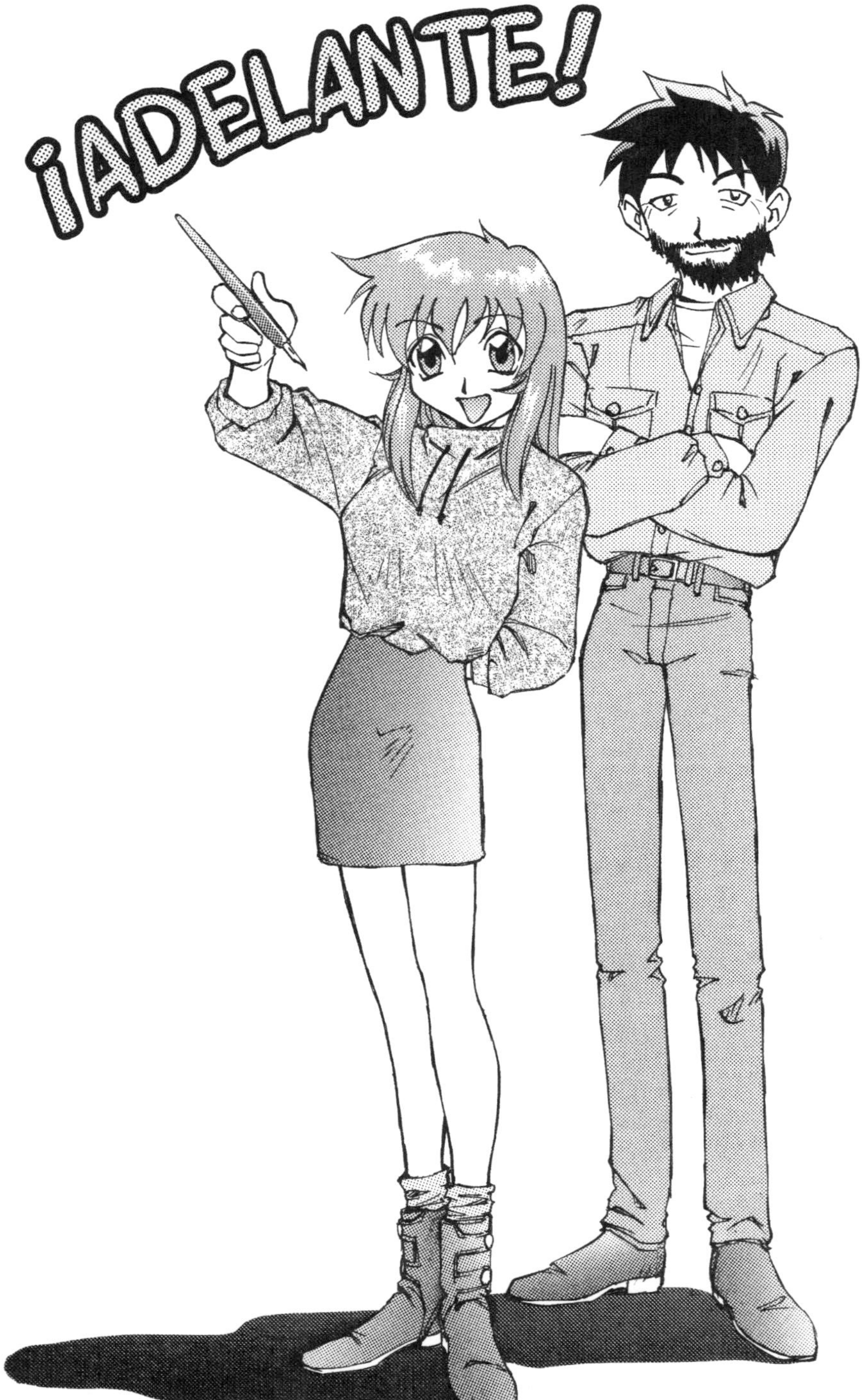
¡ADELANTE!

Capítulo PRIMERO

DIBUJAR FONDOS: INTERIORES Y EXTERIORES

OBJETOS INDIVIDUALES

Comencemos dibujando un objeto verticalmente simétrico usando una línea central.
Usaremos un vaso como ejemplo.

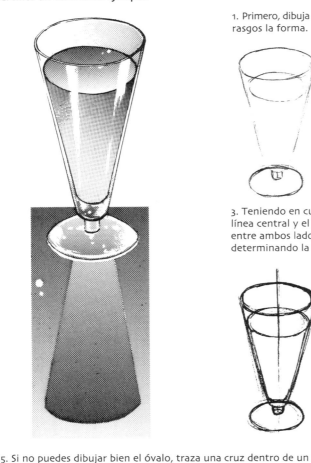

1. Primero, dibuja a grandes rasgos la forma.

2. A continuación, traza una línea central.

(Más información en el primer volumen de la colección.)

3. Teniendo en cuenta la línea central y el equilibrio entre ambos lados, se va determinando la forma.

4. Si te equivocas, otra solución sería trazar la caja de líneas de perspectiva, para después determinar la forma.

5. Si no puedes dibujar bien el óvalo, traza una cruz dentro de un trapecio y, a continuación, un rombo. Éste es otro método muy útil (para un óvalo visto de frente).

6. El reflejo se determina extendiendo la línea central y las de la caja de perspectiva.

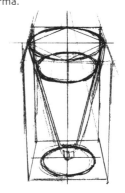

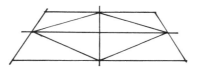

Se traza un óvalo dentro los límites de esta superficie.

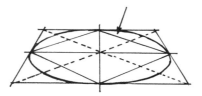

Atención: Si trazas la cruz desde las diagonales, no se podrá usar esta técnica.

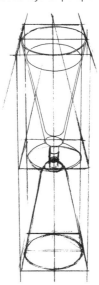

7. Cuando completes el boceto, pásalo a tinta. En las zonas donde no haga falta la tinta, dibuja la forma a lápiz azul para después pegar las tramas usando esas líneas.

8. En este dibujo, las tramas son necesarias para las sombras. Lo más importante es pegar en primer lugar las tramas más densas.

Si se pegan primero las tramas ligeras, la superficie aparecerá muy oscura cuando se superpongan las tramas densas, lo que en ocasiones hace muy difícil identificar el lugar donde hay que comenzar a raspar.

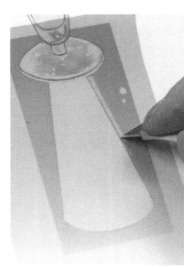

9. Una vez que pegues encima las tramas ligeras, ve raspando desde un lugar ligeramente separado del borde. De esta manera, se juntarán con las tramas que se pegaron primero.

10. Ahora, retira la parte que ha quedado transparente tras el raspado. Se termina con tinta blanca y el raspado de los brillos. (Más información sobre el raspado en el segundo volumen de esta colección.)

¿QUÉ ES LA LÍNEA CENTRAL?

La línea central es fundamentalmente una línea que se traza para equilibrar la figura. Ésta se aplica en dibujos de personajes, para determinar la superficie de objetos o para establecer la zona central de un espacio.

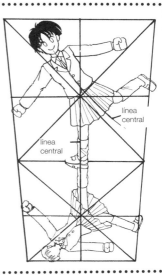

línea central

línea central

PERSONAJES SOBRE UN FONDO

Para dibujar personajes sobre un fondo, se aplica la técnica de "meter" el personaje dentro de una caja de perspectiva. (Más información en el primer volumen de esta colección.)

En primer lugar, traza el boceto del fondo y del personaje que quieres dibujar.

Primero, traza una línea desde los hombros y describe la caja partiendo de esa línea.

Después, describe la caja de espacio. Trata de trazar la caja a mano alzada, pero teniendo en cuenta el equilibrio de la figura.

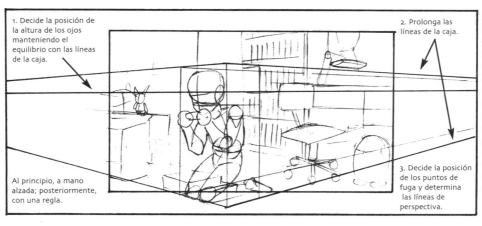

1. Decide la posición de la altura de los ojos manteniendo el equilibrio con las líneas de la caja.

2. Prolonga las líneas de la caja.

3. Decide la posición de los puntos de fuga y determina las líneas de perspectiva.

Al principio, a mano alzada; posteriormente, con una regla.

Basándote en la caja, establece el nivel de los ojos (líneas horizontales) y los puntos de fuga. (Más información en la página 41 del segundo volumen de esta colección.)

Una vez trazadas las líneas de perspectiva, dibuja el personaje de acuerdo con ellas, como si "metieras" algo dentro de la caja.

Las superficies que no son visibles se dibujan antes de dar forma al objeto.

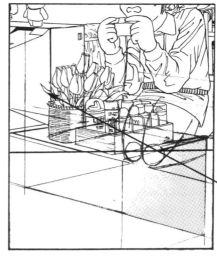

Traza líneas en las zonas que no se ven para tener en cuenta las relaciones entre los cuerpos sólidos.

Línea que destaca la relación de posición y altura entre el personaje y la televisión.

Cuando se trazan demasiadas líneas y ya no sabes cuáles son importantes, borra aquellas que sean innecesarias y reorganiza tu esquema mental.

Las gomas tipo bolígrafo permiten borrar pequeños detalles.

Cuando quieras borrar líneas de más, coloca un papel sobre las líneas necesarias y pasa la goma.

papel

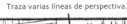

Traza varias líneas de perspectiva.

Después de dibujar el fondo a mano alzada y teniendo en cuenta los puntos de fuga, da los últimos toques con una regla para finalizar el boceto.

★También es muy útil clavar chinchetas en los puntos de fuga.

Ahora viene el entintado. En el entintado sólo hay que tener en cuenta dos cosas: las líneas del contorno son más gruesas y las interiores, más finas.

Hay que evitar que las líneas parezcan todas iguales.

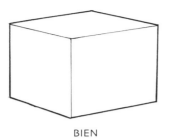

BIEN

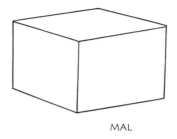

MAL

Éste es el resultado del entintado.

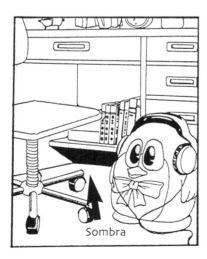

Sombra

Lo importante es dibujar las zonas negras. Es lógico que se necesite aplicar el negro en los ojos, el pelo, la ropa, etc., pero también en las sombras.
Cuando dibujes las sombras, ten presente que estás dando forma a un espacio, no sólo rellenando una sombra.

Usa un rotulador de punta fina para lograr que los libros de la estantería parezcan reales.
Los detalles minuciosos de este dibujo son útiles para crear un ambiente concreto. Estudia detalladamente muchos tipos de dibujos para mejorar tu técnica.

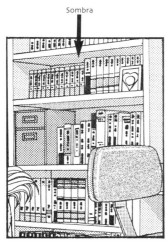

Sombra

Pega las tramas para finalizar por completo el dibujo. Las tramas de las sombras son muy importantes. Tienes que escogerlas teniendo en cuenta la intensidad del color.

En primer lugar, imagina el personaje y las líneas de perspectiva. Cuando dibujes un fondo exterior, el proceso será el mismo.

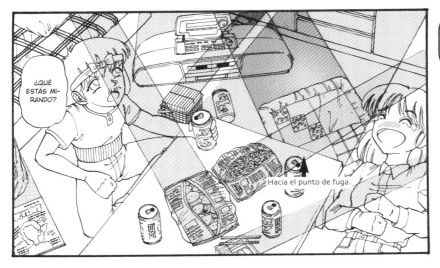

¿QUÉ ESTÁS MIRANDO?

Hacia el punto de fuga.

ESCENAS DE LA VIDA DIARIA

Hasta ahora hemos visto lo básico, utilizando uno o dos puntos de fuga. Sin embargo, en las escenas de la vida diaria hay muchos más, de modo que ajustarlos con la altura de los ojos es un arduo trabajo. Además, los personajes no están siempre en una posición estática. Nunca se deberá ajustar la perspectiva del fondo con respecto a la posición del personaje cuando esté realizando alguna acción.

SSSHHH

Entonces... ¿qué debes hacer para realizar un dibujo que no parezca despro-porcionado? Primer paso: supongamos un papel blanco donde existe un suelo y una pared.

Dibuja algo en el suelo.

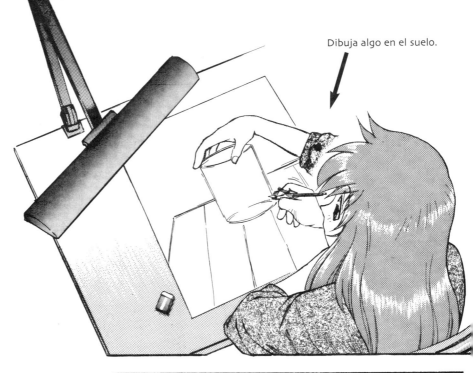

Segundo paso: imagina situa-ciones en las que la imagen aparece dentro de una "viñeta", como si fuera el objetivo de una cámara fotográfica o la pantalla de televisión. En ellas, podemos ver objetos y personajes desde distintos ángulos.

Dibuja los objetos como si tuvieras que crear un espacio dentro de esos recuadros.

Al principio estas ideas no te vendrán a la cabeza fácilmente, pero con un poco de práctica, te resultará más sencillo.

Si pones en práctica la técnica de dibujo del cuerpo humano (ver página 56 del primer volumen de esta colección), percibirás mejor el espacio y podrás dibujar el fondo sin problemas.

DIBUJAR CORRECTAMENTE LA PERSPECTIVA ES IMPORTANTE, PERO NO ESTAMOS DIBUJANDO UN PLANO, ASÍ QUE ES MEJOR QUE PONGAS MÁS ÉNFASIS EN LA BELLEZA ESTÉTICA QUE EN LA PRECISIÓN.

EDIFICIOS

Dibuja primero el edificio principal y ajusta los de alrededor conforme al mismo.

Hay que ir creando la perspectiva para desarrollar el boceto, según se explica en la página 26, pero en esta ocasión traza las líneas de perspectiva comenzando por el edificio principal.

Realiza el acabado del boceto con una regla.

Una vez finalizado el boceto, entíntalo según las pautas de la página 28. Pega las tramas, y ya habrás completado el dibujo.

BÚSQUEDA DE UN ÁNGULO ESTABLE

Según el ángulo, a veces parece que la figura no tenga estabilidad.

En este caso, a pesar de que la perspectiva está correctamente trazada, el edificio da la impresión de ser plano, carente de solidez y estabilidad.

Para dotar de estabilidad al dibujo, debes elegir un ángulo muy firme, como en los dibujos siguientes.

Un método muy simple y efectivo para conseguir solidez y dar firmeza al dibujo es generar sombras en el lateral del edificio pegando tramas.

El ojo humano percibe en ocasiones ilusiones ópticas. Debido a ello, aunque la perspectiva de los objetos al nivel del suelo esté correctamente trazada, éstos se ven a veces inclinados. Para evitar encontrarte con este problema, cambia el ángulo hasta lograr una sensación de estabilidad.

La estabilidad está presente tanto en este edificio como en la escena de la vida diaria de la página 29.

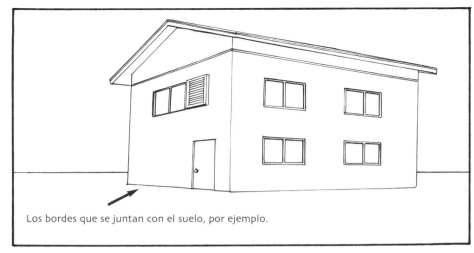

Aunque se consiga encontrar un ángulo que proporcione estabilidad, puede que partes del edificio aparezcan algo inestables.

Los bordes que se juntan con el suelo, por ejemplo.

Ante este problema, lo mejor es añadir vegetación o vallas al dibujo. Ésta es una técnica muy importante.

GROSOR

Piensa, por ejemplo en los marcos de las ventanas. Puedes representarlos como de costumbre si el dibujo tiene un tamaño grande, pero si es algo pequeño, a menudo el resultado no deja percibir la sensación de grosor. En casos extremos, usa tinta negra en los bordes para dar volumen y crear un cuerpo sólido.

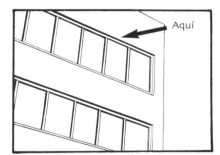

Aquí

El relieve representado con líneas gruesas ha de concordar con las sombras. De este modo, aunque realices un dibujo con contornos muy finos, parecerá muy consistente.

También es importante dar grosor a los ladrillos, vallas, baldosas, etc.

Al dibujar una casa o habitaciones interiores, el fondo puede estar constituido sólo por una pared. Existe un método para que el lector sienta que el edificio es viejo.

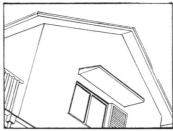

Si dibujas una pared nueva, no hay que "ensuciar" la superficie, así que se usan tramas para las sombras.

La sensación que da el dibujo es diferente, según haya sombras o no.

También hay zonas de luz y sombra en una habitación.

Cuando se quiera dar sombra utilizando líneas, hay que evitar las líneas gruesas, dado que destacan demasiado, y el dibujo parece sucio.

Hacer los bordes con efecto de degradado.

Dependiendo de la ocasión, raspar las tramas o introducir una sombra cerca del personaje Puede ser muy efectivo.

Esta técnica sólo se la recomendamos a los dibujantes más experimentados, debido a su dificultad.

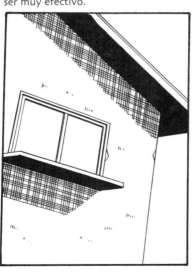

Mal ejemplo

Las sombras comunican una gran presencia, pero no deben ser elementos "intrusivos". Por ello, las líneas tienen que ser muy finas.

APLICACIÓN DE LAS SOMBRAS
También se pueden realizar gradaciones de luz a oscuridad para las sombras.

Sombra

Luz

En una casa de ladrillos, usa líneas para las sombras y ve difuminándolas a medida que te acercas a la luz.

CRISTALES

Los cristales pueden ser transparentes o comportarse como un espejo según el ángulo y la luz. Lo mejor es usar un método para representar verdaderos cristales.

Durante el día, representar el cielo reflejado es muy efectivo. Por la noche, generalmente es mejor dibujar el interior de las habitaciones.

Cuando un personaje se refleja en un cristal, es muy efectivo dar brillo usando tinta blanca.

Zona con sombra

Cuando hay sombra, se puede ver el interior.

Existen numerosas técnicas, así que para mejorar debes imitar los dibujos de profesionales experimentados.

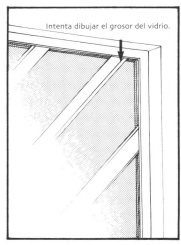

Intenta dibujar el grosor del vidrio.

Dar brillo con líneas paralelas es muy efectivo.

TAMBIÉN PUEDES DEDICAR CUADERNOS PARA OTROS TIPOS DE DIBUJOS, COMO EDIFICIOS, ELEMENTOS DE LA NATURALEZA...

UNA BUENA IDEA SERÍA REUNIR EN UN CUADERNO LOS FONDOS MÁS ELABORADOS QUE SALGAN EN LOS MANGAS QUE LEAS.

FONDOS
FENÓMENOS NATURALES

1

FONDO FOTOGRÁFICO

La técnica de la de luz descrita en el segundo tomo de esta colección resulta muy útil, pero insuficiente para aquellos que deseen mejorar aún más.
Es necesario ser muy observador para aumentar las cualidades artísticas.

En primer lugar, dibuja el contorno del edificio principal.

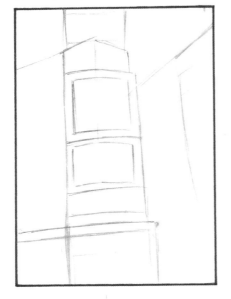

Traza líneas de perspectiva utilizando el edificio principal como punto de partida.

Determina completamente la forma del boceto utilizando la regla, una vez que hayas definido el diseño de la ilustración.

Entinta el dibujo.

Termina el dibujo pegando las tramas. No hace falta detenerse demasiado en los detalles, sólo lo suficiente para que quede real.

Dibujo terminado.

Al principio, es importante dibujar un paisaje tal como lo ves, pero paulatinamente deberás adoptar métodos eficaces para su representación, pues necesitarás tener los fondos listos a gran velocidad. La atmósfera es lo más im-portante en el fondo, por tanto, aunque tu material de apoyo sea una foto, no hace falta que te detengas en los detalles.

Si introduces personajes de gran tamaño en primer plano, no harán falta muchos detalles para el decorado. Asimismo, se logra un contraste con los elementos situados detrás. Por último, difumina los edificios del fondo.

Es posible representar en detalle los caracteres de los carteles o pósters de las calles, pero también puedes usar tinta blanca para que parezca real.

Con rotulador de punta fina.

Dibuja también árboles para no tener que representar demasiados detalles.

Utiliza la tinta blanca.

El mundo del manga obliga a obtener el máximo de calidad en un tiempo muy limitado. Es muy raro disponer del tiempo necesario para elaborar excelentes ilustraciones. Para ganar velocidad... hay que acostumbrarse y crear un hábito artístico.

En una escena donde aparezca multitud de gente, no hace falta representar los edificios en detalle. Dibuja claramente los personajes en los primeros planos y deja los demás como siluetas.

Pero hay que tener cuidado para no dar la impresión de que en ese momento no tenías ganas de dibujar e hiciste una chapuza...

Si sólo usas siluetas en una escena donde aparezca multitud de gente, evitarás dar una mala impresión si algunas de las figuras tienen una forma definida.

La solución del dibujo anterior es muy simple, pero es un buen método para evitar que te tachen de vago.

En escenas nocturnas, también puedes utilizar el negro y las siluetas. Lo más importante es usar la tinta blanca para dar brillo y conseguir un fondo natural.

Información adicional: Uso del negro

La tinta negra tiene una densidad del 100% con respecto a las tramas de puntos 61 ó 62, de una densidad del 10% y el 20% respectivamente. El dominio de la tinta negra te permitirá aumentar la velocidad y podrás comunicar mejor la sensación de poder y fuerza. Fíjate en las partes oscuras de algunas fotos en blanco y negro para después representarlas con tinta negra en un dibujo. Asimismo, observa el uso de la tinta negra en otras obras para ir aprendiendo poco a poco.

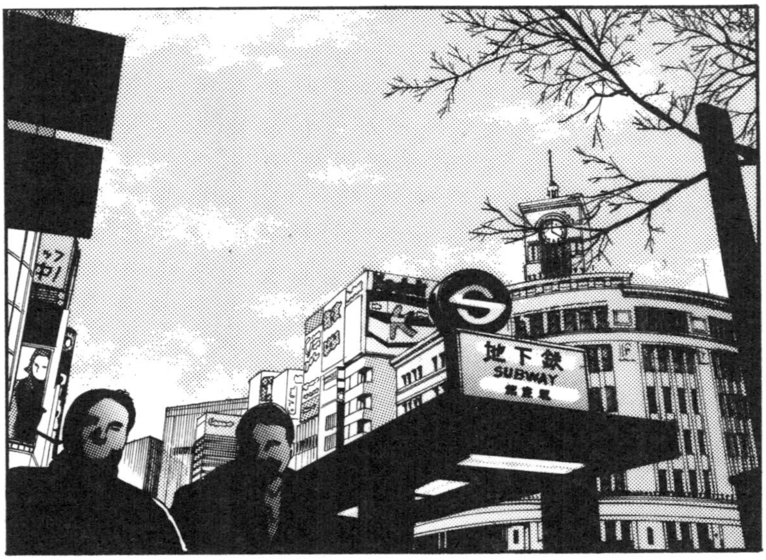
SUBWAY

Las sombras que generan contraste se realizan con tinta negra.

Prueba también a usar tinta negra para las sombras de los personajes.

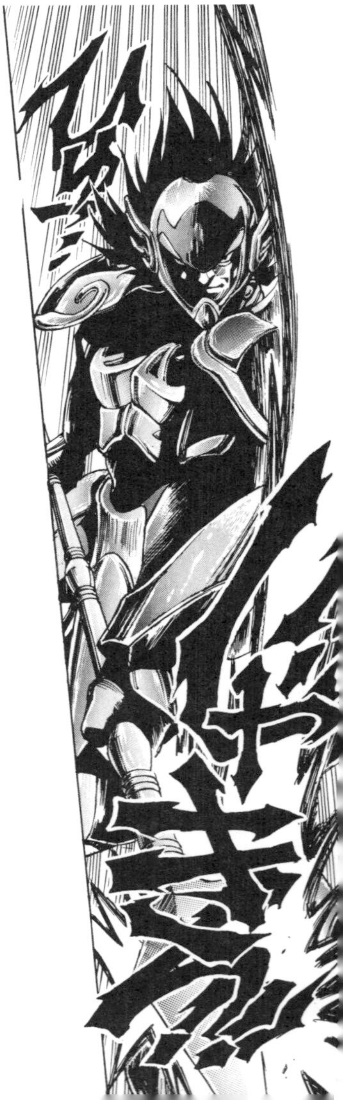

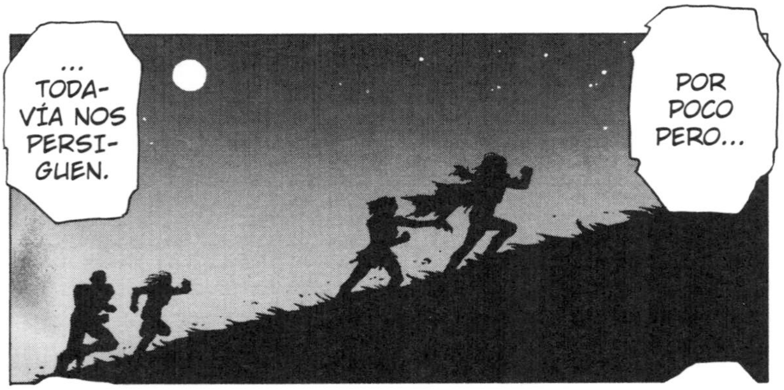
POR POCO PERO...
... TODAVÍA NOS PERSIGUEN.

Intenta usarla en algunas escenas.

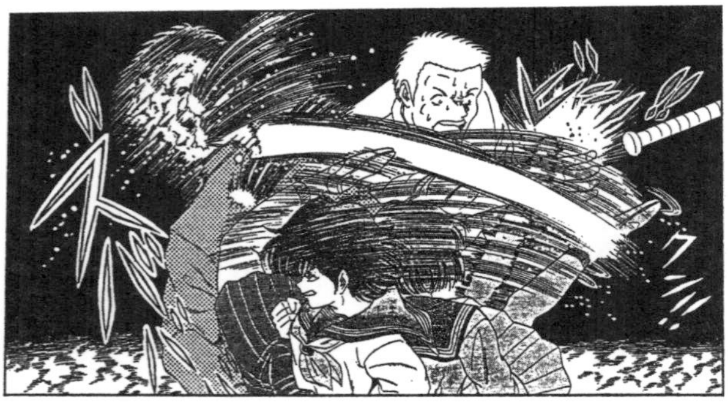

El fondo realizado con tinta negra es muy eficaz.

Capítulo
SEGUNDO
CÓMO DIBUJAR MÁQUINAS

CÓMO DIBUJAR MÁQUINAS

Coches

Los coches son objetos que se pueden dibujar a partir de una caja, sean del tipo que sean.

En primer lugar, bosqueja la forma del coche aprovechando la forma de la caja, para que no salga desproporcionado.

Para ajustar la perspectiva, piensa también en las partes que no se ven.

Línea para determinar la posición del espejo retrovisor

Una vez hecho esto, ve determinando la forma adecuadamente.

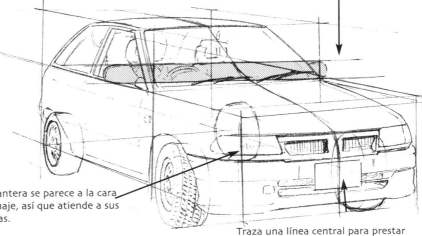

La parte delantera se parece a la cara de un personaje, así que atiende a sus características.

Traza una línea central para prestar atención a la simetría.

La parte más difícil de un coche son las ruedas. Es frecuente ajustar la parte superior del óvalo de la rueda a las líneas de perspectiva cuando se mira desde cualquier diagonal, pero este método no es eficaz, como podéis ver en el ejemplo.

Ejemplo

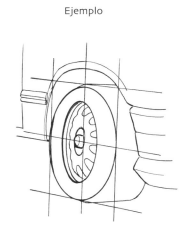

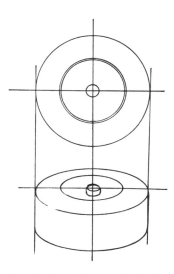

Cuando la rueda se ve de frente, la forma no cambiará aunque se altere el ángulo.

En el ejemplo, la perspectiva produce una sensación extraña. ¿Cómo se debería proceder entonces? Ten en cuenta que la rueda tiene una parte superior descubierta y otra parte que se encuentra en contacto con el suelo.

Parte superior descubierta

Punto más alto del óvalo

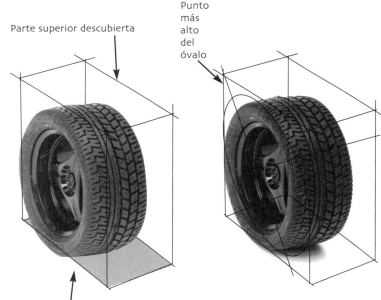

Parte en contacto con el suelo

Por ello, sería correcto pensar que el punto más alto del óvalo está en posición oblicua.

También se puede dibujar la rueda según la técnica del dibujo siguiente.

Punto más alto del óvalo

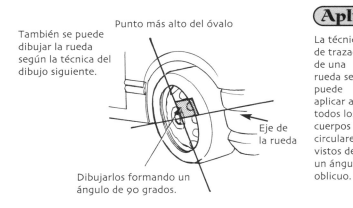

Eje de la rueda

Dibujarlos formando un ángulo de 90 grados.

Aplicación

La técnica de trazado de una rueda se puede aplicar a todos los cuerpos circulares vistos desde un ángulo oblicuo.

Punto de fuga

Vista delantera

Vista desde la diagonal

Éste es el caso de los utensilios de cocina y herramientas similares.

Entinta el dibujo. Pon mucho cuidado en el uso de la plumilla.

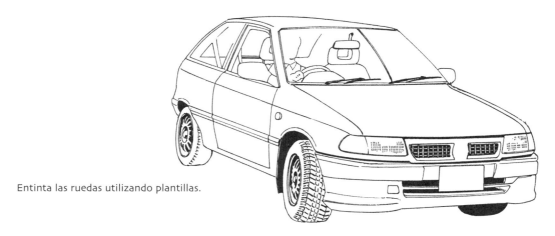

Entinta las ruedas utilizando plantillas.

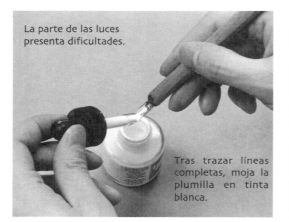

La parte de las luces presenta dificultades.

Tras trazar líneas completas, moja la plumilla en tinta blanca.

Por último, traza algunas líneas.

Para finalizar el dibujo, introduce los brillos y pega las tramas.

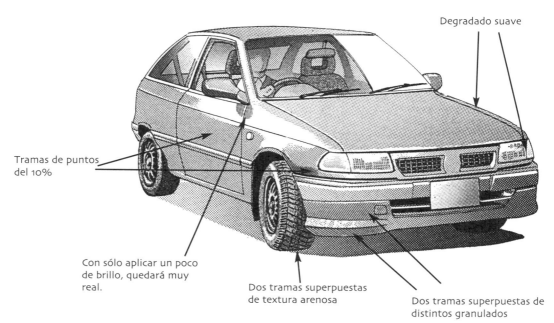

Degradado suave

Tramas de puntos del 10%

Con sólo aplicar un poco de brillo, quedará muy real.

Dos tramas superpuestas de textura arenosa

Dos tramas superpuestas de distintos granulados

Normalmente se utilizan degradados suaves.

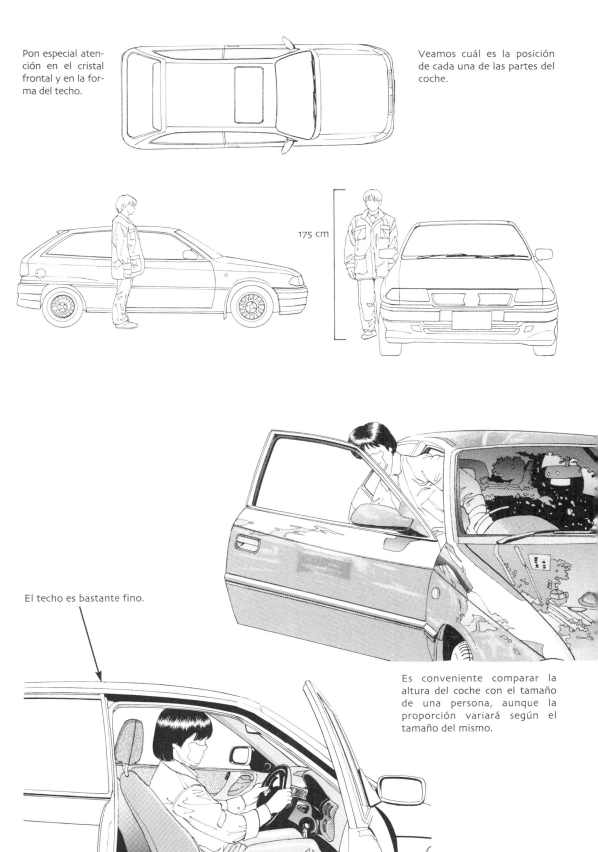

Pon especial atención en el cristal frontal y en la forma del techo.

Veamos cuál es la posición de cada una de las partes del coche.

175 cm

El techo es bastante fino.

Es conveniente comparar la altura del coche con el tamaño de una persona, aunque la proporción variará según el tamaño del mismo.

MOTOCICLETAS

En primer lugar, imagina el diseño y traza la forma. Dibuja a grandes rasgos cada una de las partes importantes de la moto. Céntrate en las piezas importantes.

Dibujo terminado

Intenta que estén correctamente acopladas las piezas individuales.

1. También es muy útil trazar líneas de perspectiva si no tienes muy claro cómo comenzar.

A continuación, dibuja los detalles partiendo de las piezas importantes.

2. Las ruedas se dibujan como las de los coches.

IMPORTANTE

Sería demasiado laborioso dibujar todas las piezas de algunas máquinas (como las motos), por ello, es mejor usar negro para las sombras.

Mejorarás progresivamente si te interesas por el movimiento de la moto y de su proporción con los personajes.

3. Pega dos tramas de diferentes densidades superpuestas y tramas de textura arenosa para las ruedas. Las tramas más frecuentes en motos son las de degradado suave.

Llegado a un punto, te será difícil reunir material de referencia de las máquinas que quieres dibujar. Es muy importante saber realizar un buen dibujo aunque tengas escaso material de apoyo.

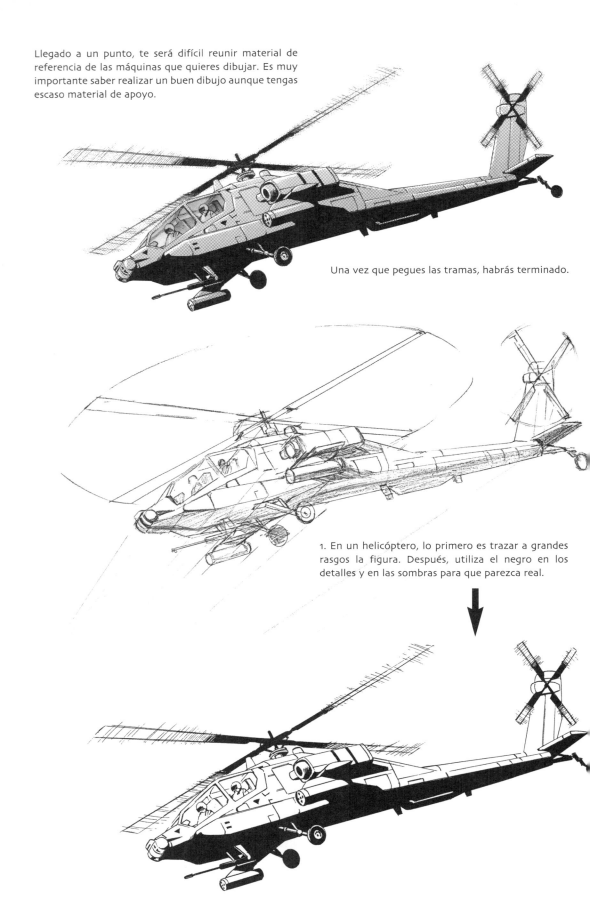

Una vez que pegues las tramas, habrás terminado.

1. En un helicóptero, lo primero es trazar a grandes rasgos la figura. Después, utiliza el negro en los detalles y en las sombras para que parezca real.

El método para dibujar este tipo de máquinas no es diferente del utilizado con la moto.

Dibuja primero la figura que ocupará el centro del dibujo, luego traza cajas para cada una de las partes importantes. En el caso de un portaaviones, el material y fotos de apoyo ponen de manifiesto la complejidad de cada una de las secciones. Es lógico que el dibujo de máquinas de este tipo entrañe unas dificultades enormes, especialmente si se han de dibujar varias.

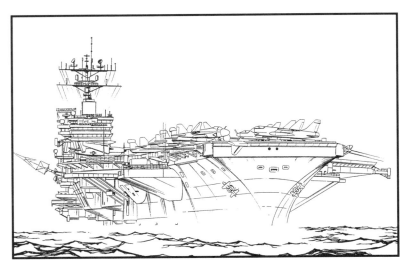

Debido a esa dificultad, siempre será conveniente simplificar en cierta medida las piezas del portaaviones, evitando que se pierda la atmósfera que se pretende comunicar. También es posible usar el negro para los detalles, de modo que sólo se vea la silueta y el dibujo quede real.

Dibujo terminado: portaaviones, Letra 72; sombra de los aviones y oleajes, Letra 61; mar: Letra C-116.

CREACIÓN DE MÁQUINAS

Para mejorar, es muy útil dibujar máquinas inventadas. En estos casos, llegarás a conocer perfectamente la estructura del objeto imaginario, dado que lo tendrás que representar desde diferentes ángulos. También te podrás dar cuenta de la diferencia de estabilidad que supone pensar en las líneas de perspectiva y las partes que no son visibles.

En estas ocasiones se siente la importancia de tener en cuenta con antelación las líneas de perspectiva y las partes que no se ven.

Del mismo modo que conoces palmo a palmo la máquina que ideaste, y por tanto puedes dibujarla en cualquier posición, también podrás hacer lo mismo si conoces al detalle aquellas máquinas creadas por otras personas.

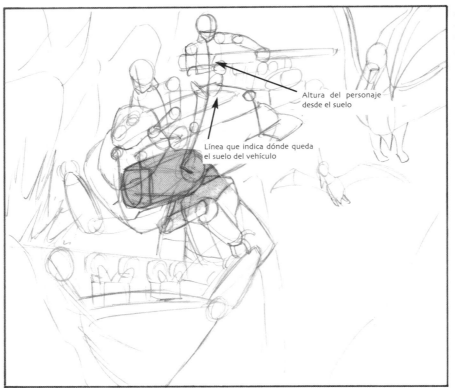

Altura del personaje desde el suelo

Línea que indica dónde queda el suelo del vehículo

A menudo se dice que es necesario tener talento de diseñador para dibujar objetos imaginarios que parezcan reales, sin embargo, una vez que visualices el espacio en el papel, sólo tendrás que trazar una línea central, las líneas de perspectiva, y pensar en las partes que no se ven. Seguro que podrás dibujar excelentes máquinas si tienes en mente la forma de aplicar las técnicas aprendidas con eficacia.

Evita la monotonía al trazar las líneas cinéticas.

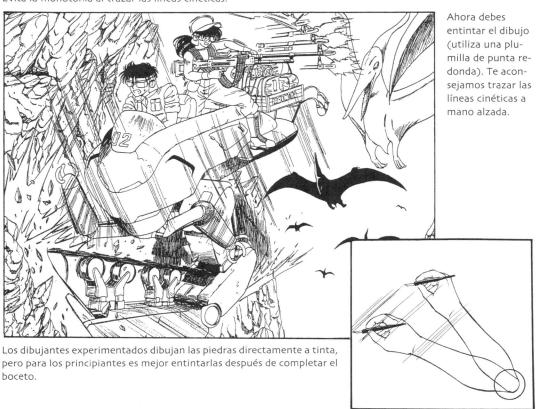

Ahora debes entintar el dibujo (utiliza una plumilla de punta redonda). Te aconsejamos trazar las líneas cinéticas a mano alzada.

Los dibujantes experimentados dibujan las piedras directamente a tinta, pero para los principiantes es mejor entintarlas después de completar el boceto.

Fija el codo, endereza la muñeca y mueve la mano en una misma dirección.

Para raspar el dibujo sujeta el cutter, pero no apliques mucha fuerza sobre el papel.

Trama de puntos al 10%

Por último, pega las tramas para terminar el dibujo.

Para dibujar máquinas a tu gusto

Lo primero es pensar la forma en su totalidad desde distintos ángulos. Después, ve añadiendo piezas y accesorios. Podrás llegar a dibujar a tu gusto cualquier tipo de máquina, sin demasiado material de apoyo.

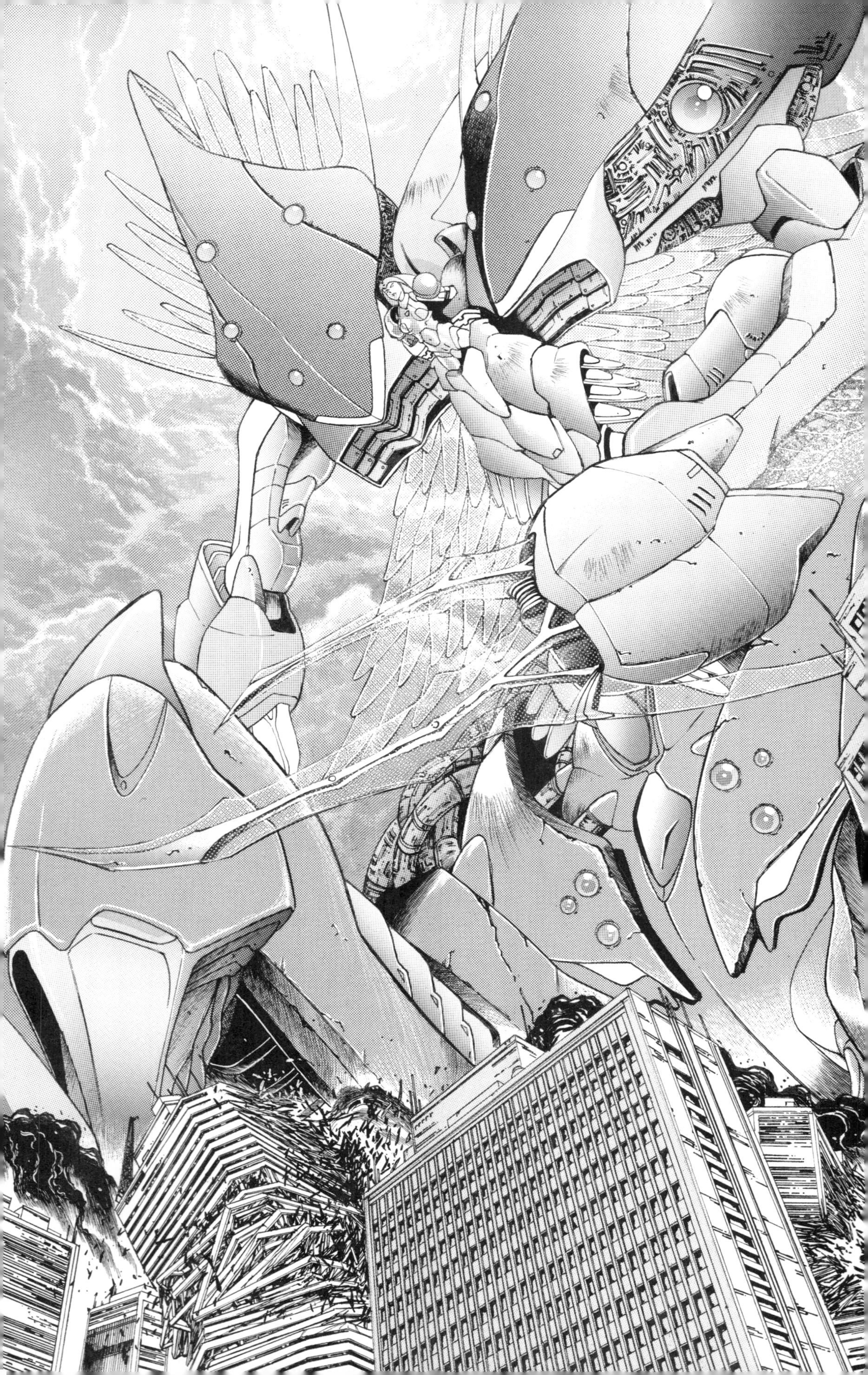

Ahora, intenta dibujar máquinas aún más complicadas. Primero, traza el contorno para determinar la composición del dibujo. Emplea un ángulo que dote al dibujo de una sensación de grandeza, fuerza y autoridad. Un ángulo oblicuo es idóneo, pues además te permitirá realizar un dibujo de mayor tamaño.

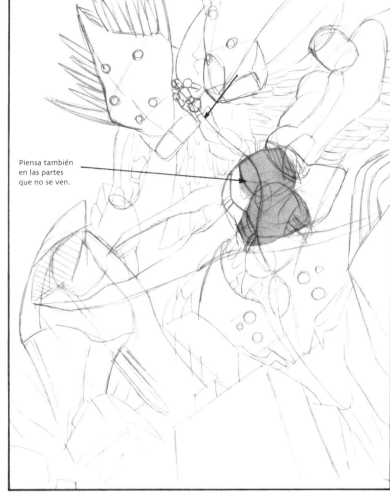

Piensa también en las partes que no se ven.

Si realizas el dibujo inclinado, podrás usar mucho más espacio en la viñeta.

IMPORTANTE

Si se miran de cerca las viñetas grandes, es difícil percibir cuándo está desequilibrado el diseño. Intenta observar varias veces el dibujo desde lejos para confirmar la armonía del conjunto.
Por último, dale la vuelta y colócalo frente a la luz para poder verlo bien.

Mencionar esto otra vez es un poco repetitivo, pero es necesario pensar en las partes que no son visibles cuando se realiza el boceto. Si dibujas una máquina demasiado complicada y el boceto se llena de líneas, superpón una hoja de papel vegetal. Dibuja en él las partes que no son visibles. A continuación, colócalo bajo el boceto y haz que se transparente usando una caja de luz. Entonces, delinea las partes que ahora "sí se ven". Si no dispones de caja de luz, también puedes utilizar un lápiz de color azul.

Si has trazado demasiadas líneas, pasa la goma y "pon en orden" el boceto.

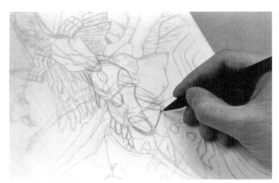

Superpón una hoja de papel vegetal para trazar las líneas que no son visibles.

A continuación, coloca la hoja de papel vegetal debajo del boceto, en una mesa de luz, y dibuja las partes que se ven.

Para detalles como el dibujo de la derecha:

1. Traza el contorno.

Área no visible y línea central

2. A medida que ajustas la perspectiva, traza una línea central y define el área que no es visible.

3. Piensa en las líneas necesarias para dar volumen al dibujo.

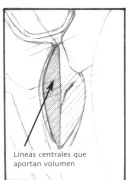

Líneas centrales que aportan volumen

4. Reafirma la forma para dar por concluido el boceto.

Nunca olvides detenerte incluso en detalles tan pequeños como éstos. Podrás usar este método al realizar casi cualquier tipo de dibujo.

A continuación, entinta el dibujo y usa el negro donde sea necesario. En el ejemplo se usó una plumilla G para la máquina y una redonda para los edificios.

Fíjate bien en las partes derruidas del edificio. Para dibujar escombros con realismo, debes conocer ligeramente la estructura de los objetos y comprender qué tipo de daño se infligiría al recibir un impacto.

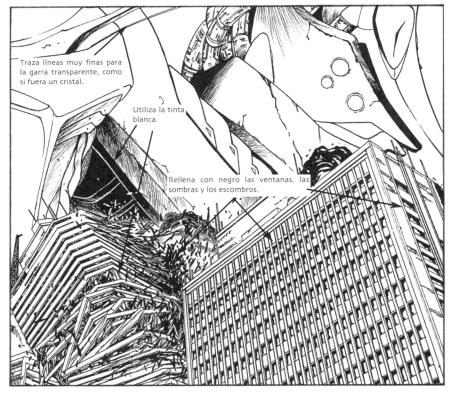

Traza líneas muy finas para la garra transparente, como si fuera un cristal.

Utiliza la tinta blanca.

Rellena con negro las ventanas, las sombras y los escombros.

El pegado de tramas para las nubes es muy importante en este dibujo.

1. Pega una trama del tipo Letra 61, con un 10% de densidad. Después de trazar los contornos de las nubes con lápiz azul pensando en ellas como elementos individuales, realiza minuciosamente el raspado con la parte plana del cutter.

2. Cuando prosigas con la segunda capa, ve pegándola en cada parte.

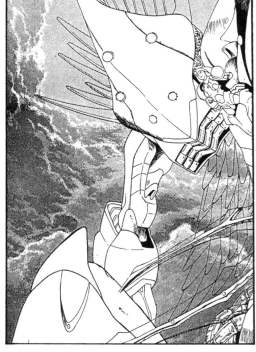

3. Pega una tercera capa.

ZONAS TRANSPARENTES

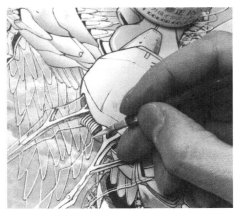

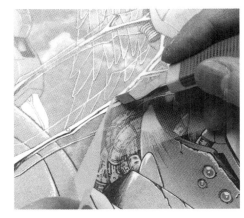

1. Después de pegar las tramas, repasa el borde interior con tinta blanca.

2. Por último, pega una trama blanca para terminar.

SERIGRAFÍA

1. El acabado se realiza con la técnica del salpicado una vez pegadas las tramas.

2. Primero se elabora una "máscara". Aunque existe un papel especial, en el ejemplo usamos adhesivo en espray en el dorso del papel de las tramas.

3. Intenta que la capa adherente sea muy fina para evitar que las tramas se desprendan o que el dibujo se humedezca demasiado. Si aplicaras demasiado pegamento, usa un pañuelo para retirar el sobrante.

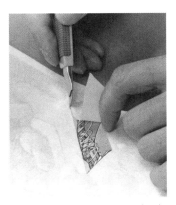

IMPORTANTE

Este dibujo tiene dos capas de tramas de la misma densidad.

4. Corta las porciones por donde quieras utilizar tinta blanca.

5. Salpica tinta blanca según la gradación deseada.

TAMAÑO DE OBJETOS PEQUEÑOS

Es verdaderamente complicado dotar de proporción real a los objetos con respecto a los personajes. En estos casos, es muy útil dibujar los objetos algo grandes.

No es raro que se dibujen más pequeños de lo normal, y cuando te quieres dar cuenta, ya se ha echado a perder el dibujo.

Traza líneas de perspectiva.

Capítulo TERCERO
CÓMO DIBUJAR ANIMALES Y ELEMENTOS DE LA NATURALEZA

CÓMO DIBUJAR ELEMENTOS DE LA NATURALEZA

Dibujar elementos de la naturaleza es extremadamente complicado.
No es cuestión de pintar las hojas del árbol una a una, así que es necesario buscar un método eficaz que proporcione realismo.

HIERBAS Y ÁRBOLES

Dado que los árboles aparecen en muy variados escenarios (ciudades, bosques...) es muy importante que aprendas a dibujarlos. Empecemos analizando la estructura de un árbol.

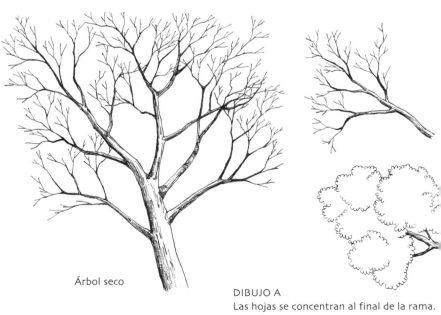

Árbol seco

DIBUJO A
Las hojas se concentran al final de la rama.

Existen varias técnicas, dependiendo del tipo de trazo que usemos.

DIBUJO B

Muchas ramas como la del dibujo A forman un árbol.

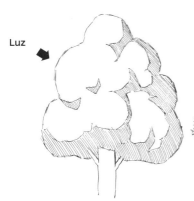

Luz

En el dibujo B se ha utilizado un trazo denso para las sombras.

Intenta tener en cuenta el contraste entre las distintas sombras.

Otra alternativa es utilizar tinta negra en las sombras.

En esta técnica, es muy importante dibujar al detalle las hojas de los extremos y dejar pequeños espacios en blanco entre ellas. Practica poco a poco teniendo en cuenta todas estas indicaciones.

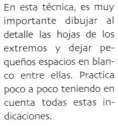

También puedes rellenar de negro toda la figura.

Si utilizas hábilmente las rejillas para reflejar la densidad de los árboles y arbustos, podrás conseguir un dibujo muy efectivo, carente de monotonía.

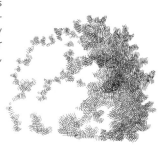

El tronco de los árboles

Debes evitar dibujar el tronco plano, dada la forma cilíndrica que éste posee. Usa los ejemplos siguientes como guía para dotarlo de volumen.

Usa la gradación para dar volumen.

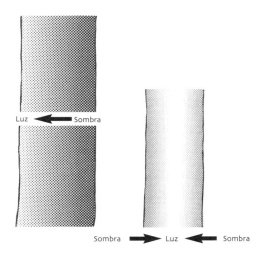

Cuando uses la plumilla para conseguir el efecto, también debes tener en cuenta la gradación.

También resulta eficaz el empleo de líneas verticales.

Por último, dibuja de forma realista las ramificaciones.

A la hora de dibujar bosques, la parte más complicada para todos es el fondo. Es muy difícil decidir la técnica que se debe utilizar.

Si haces un dibujo demasiado detallado, puede parecer desorganizado en ocasiones, así que lo mejor es utilizar rejillas y tramas para conseguir realismo.

HIERBAS Y HOJAS

Dado que estos elementos poseen haz y envés, según el ángulo, será necesario pintar el reverso. Los pasos que hay que seguir son los siguientes:

2. Ahora traza una sencilla curva que represente el punto más alto de la hoja.

4. Ten en cuenta las partes no visibles.

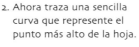

1. Las hojas y la hierba son horizontalmente simétricas, así que deberás utilizar una línea central para la forma.

3. Traza con firmeza todo el contorno.

5. Ajusta la simetría conforme a la línea central.

Si representas hierba en un dibujo de grandes dimensiones, aplica la misma técnica que para las hojas.

DIBUJO A

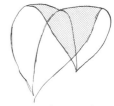

1. Dibuja la línea central.

2. Dibuja la punta.

3. Remata la forma.

Para los hierbajos, imagina el dibujo de la izquierda, y ve complicándolo, añadiendo detalles y variando el tamaño.

PIEDRAS Y ROCAS

La caracterización de estos elementos dependerá del escenario. En un río, la superficie de las rocas aparecerá lisa a causa de la erosión, en un acantilado será angulosa, etc. Apréndete bien las siguientes técnicas para poder generar la atmósfera deseada.

Prueba a copiar algún dibujo que te guste. Realiza fotocopias ampliadas cuando no comprendas bien el proceso que se ha seguido en su elaboración.

En el mar o en los ríos, la superficie de la roca aparece lisa debido a la erosión.

EL MAR   Observa la mecánica del movimiento de las olas.

Vista lateral

Impulso

Se levanta en la direc-
ción del impulso.

La ola decae, va creando espuma y las partes blancas
van creciendo.

Vista frontal

El agua se eleva y decae en el
punto más alto, para después
crear espuma.

La espuma se dispersa hacia los lados.

La espuma adoptará forma de red cuando la ola impacte en ciertas superficies.

El uso de sombras dota de volumen al conjunto

El carácter de las olas también difiere según la situación.

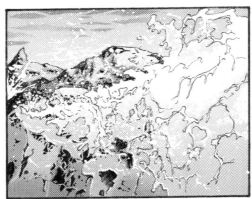

Los impactos de las olas se representan con trazos cortos y rápidos.

Una sencilla técnica

En el siguiente dibujo, sólo se ha utilizado la plumilla para el personaje, todo lo demás son tramas. Debes intentar conseguir contraste entre los blancos y los negros para lograr buenos resultados con las tramas.

Sombra del personaje, bañador y sombras de las nubes:
IC S476, 479
Cielo y mar: Letra 745
Sombras de las olas: Letra 764
Agua cercana al personaje: IC S769

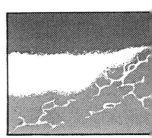

Raspa minuciosamente la p correspondiente a la espuma mo si tuvieras que eliminar pu por punto las tramas).

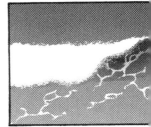

Superpón tramas para c sombra.

En manga, sólo será necesario dibujar una imagen fija del agua en movimiento. No obstante, es complicado dibujarla dados los múltiples lugares y situaciones en las que se puede encontrar el agua.

En la mayoría de los mangas se representan las olas con líneas.

En este dibujo se ha acentuado el contraste entre el blanco y el negro oscureciendo el fondo, con lo que se consigue dotar de presencia al agua. El agua también posee la cualidad de adoptar formas circulares cuando flota en el aire (a causa de la tensión superficial).

No te olvides de las partes que se humedecen.

Las gotas rebotan y disminuye su tamaño.

Los siguientes elementos aportan realismo a la composición: las ondas que genera el agua al chocar con el suelo, el suelo empapado, las luces y los tubos de neón reflejándose...

Nunca te olvides de representar el agua en las zonas que se humedecen en las escenas con lluvia.

El agua se expande salpicando cuando impacta con algo.

Si las gotas caen sobre una superficie acuosa, crean ondas, reflejan la luz, actúan como un espejo...

Como el agua es transparente, si se agita, se crean pequeñas ondulaciones.

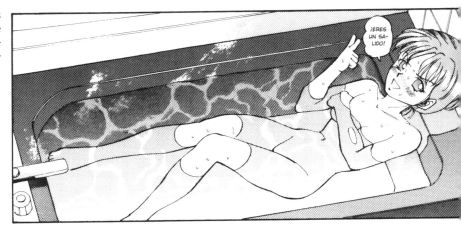

Ahora veamos qué ocurre cuando el agua fluye de un lugar alto hacia abajo.

Según las leyes del fenómeno de tensión superficial, al llenar un vaso hasta arriba, parece que el agua se va a derramar, pero no lo hace.

El agua derramada también experimenta este fenómeno (parece que se va a expandir, pero no lo hace, sino que permanece compacta).

Intenta dotar de volumen al agua usando el brillo.

Aplica el brillo aquí

Cualquier tipo de líquido sufre este fenómeno de tensión superficial.

NUBES El siguiente dibujo muestra el método más básico para dibujar nubes. Nos basaremos en él para ir desarrollándolo y mejorar nuestra técnica.

DIBUJO A

Aplica la técnica de pegado de tramas explicada en el segundo volumen de esta colección y el procedimiento para los reflejos con tramas de la página 25 de este volumen.

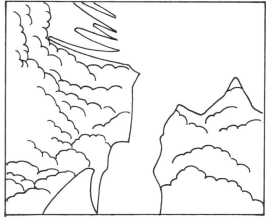

Piensa sólo en las líneas del dibujo de la derecha para obtener un esquema sobre el que será más fácil decidir dónde se sitúan las nubes.

Este ejemplo se basa en el dibujo A.

Si utilizas la plumilla, deberás considerar la trayectoria de las nubes y el contraste de las sombras, además de usar un trazo que se aleje de la monotonía con líneas muy finas.

INCENDIOS Y HUMO

Veamos qué ocurre cuando tiene lugar un incendio, y prestemos atención a todo lo que lo circunda.

Ten en cuenta el calor, la luz y el humo.

Piensa en la trayectoria del humo del incendio, para evitar la monotonía cuando lo dibujes usando distintos tipos de trazo.

Ésta es la forma básica de una llama. Usa este ejemplo para crear tus propios incendios.

El fuego puede ser expulsado con violencia o arremolinarse, dependiendo de las corrientes de aire.

Deja entrever algunas porciones del edificio a través de las llamas utilizando trazos sueltos.

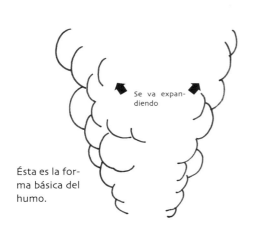

Ésta es la forma básica del humo.

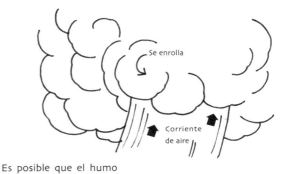

Es posible que el humo se arremoline por causa de las corrientes de aire.

Si pensamos sólo en la figura del dibujo de la derecha, obtenemos este esquema.

EXPLOSIONES Podemos dividir las explosiones en dos tipos:
★ Aquellas generadas por pólvora en un entorno en el que sopla el viento
★ Aquellas generadas por gasolina o gas que producen llamas

Ésta es una explosión en un entorno en el que sopla el viento. No se produce un incendio muy grave debido a la acción del viento, pero la fuerza destructiva no varía.

En el segundo tipo, las llamas ascienden y se extienden hacia los alrededores a medida que crecen.

La dinámica de las llamas es la siguiente. Fíjate bien, pues es necesario desarrollar el esquema básico para dibujar llamas más realistas.

Las explosiones que tienen lugar en el aire adoptan forma circular.

Las explosiones se expanden de dentro hacia fuera con fuerza.

Los fragmentos, el polvo y las piedras salen despedidos.

Dibuja las astillas de la madera.

Representa los fragmentos salpicando tinta blanca en el dibujo.

Asegúrate de que las piedras y los fragmentos salen despedidos.

Representa los fragmentos salpicando de tinta blanca el dibujo.

Puedes usar un elemento de contraste para resaltar el tamaño de la explosión, pero también es importante que el dibujo parezca complicado.

CÓMO DIBUJAR ANIMALES

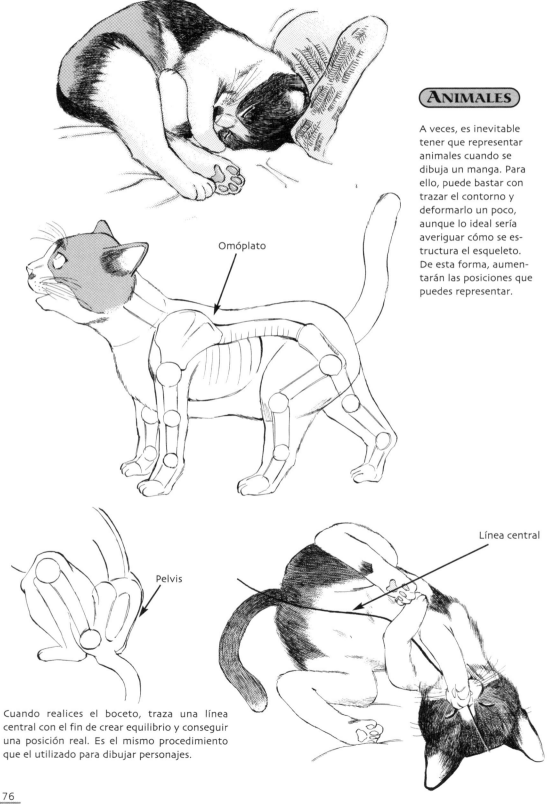

ANIMALES

A veces, es inevitable tener que representar animales cuando se dibuja un manga. Para ello, puede bastar con trazar el contorno y deformarlo un poco, aunque lo ideal sería averiguar cómo se estructura el esqueleto. De esta forma, aumentarán las posiciones que puedes representar.

Omóplato

Pelvis

Línea central

Cuando realices el boceto, traza una línea central con el fin de crear equilibrio y conseguir una posición real. Es el mismo procedimiento que el utilizado para dibujar personajes.

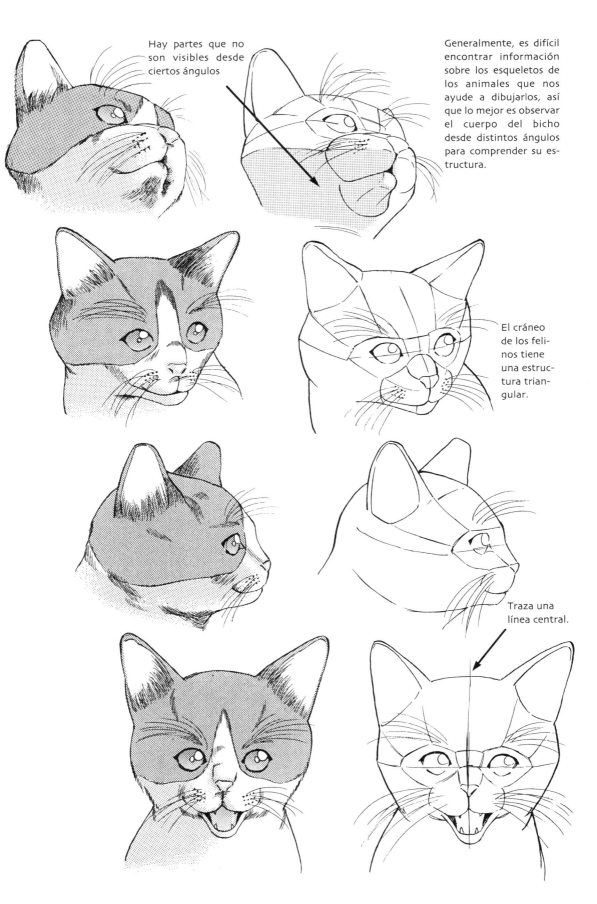

Hay partes que no son visibles desde ciertos ángulos

Generalmente, es difícil encontrar información sobre los esqueletos de los animales que nos ayude a dibujarlos, así que lo mejor es observar el cuerpo del bicho desde distintos ángulos para comprender su estructura.

El cráneo de los felinos tiene una estructura triangular.

Traza una línea central.

Los gatos poseen gran flexibilidad. Hay que dotarlos de una forma algo femenina.

La particularidad de cada animal se encuentra en sus movimientos. Intenta adaptar en tus dibujos lo que se observa en los animales de la vida real.

El perro es un animal que expresa muy claramente sus sentimientos (rabia, alegría...). Sin olvidarte del dinamismo y actividad de los perros (los perros viejos son otra historia), debes sacar en primer plano su simpática figura como en este ejemplo (en posición juguetona).

Plasma la sensación de pesadez y poder de los animales grandes. Intenta que sus movimientos parezcan tranquilos.

Para los pájaros y animales pequeños, representa sus graciosos y ligeros movimientos.

TIPOS DE ANIMALES QUE APARECEN EN LAS HISTORIAS

A excepción de los manga sobre animales, su actuación será secundaria. Veamos qué tipo de animales suelen aparecer.

a. Numerosos animales graciosos en el papel de mascota.
De reducido tamaño, como ratones, ardillas o pájaros, que a menudo son mimados por sus dueños.

b. Verdaderos animales de compañía.
Generalmente inteligentes, como perros o pájaros. En ocasiones poseen la capacidad de hablar.

c. Animales feroces.
No se comunican con los personajes, ni pueden ser considerados como tales.

¡ROOOOAAAR!

d. Mascotas.
Pertenecen al "malo" de la historia. Animales peligrosos como perros doberman o boxer y animales salvajes (tigres, cocodrilos...). Las mujeres suelen tener algún reptil.

Además...

Sencillo contorno de perros y gatos. Emplea este ejemplo con otros animales también.

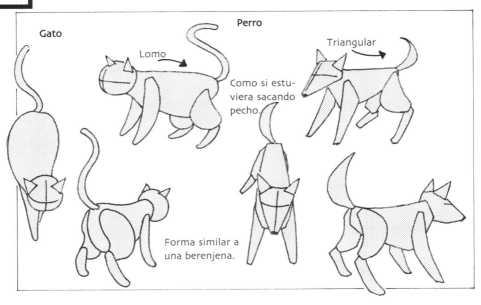

Gato

Lomo

Perro

Triangular

Como si estuviera sacando pecho.

Forma similar a una berenjena.

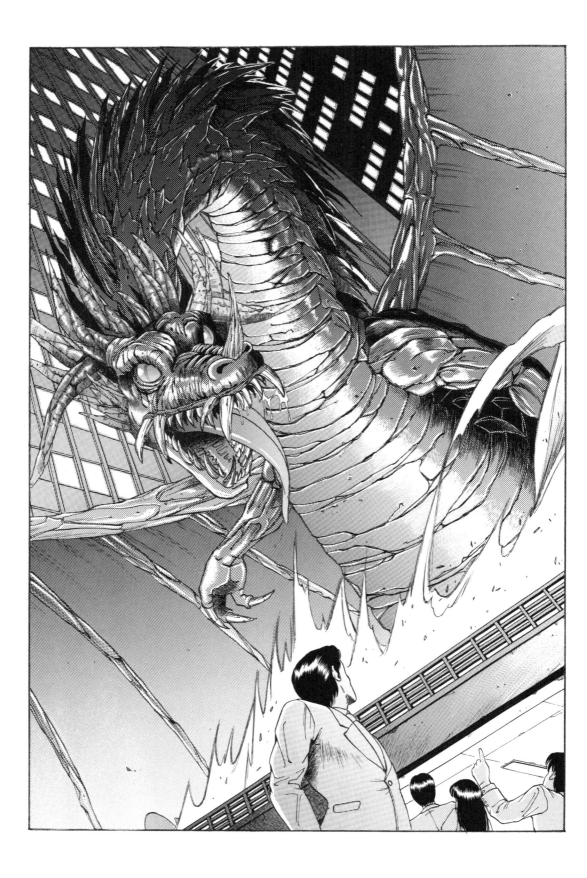

CÓMO DIBUJAR ANIMALES FANTÁSTICOS

Si utilizas la estructura del esqueleto de animales reales a la hora de dibujar animales fantásticos, el dibujo tendrá un aspecto mucho más creíble.

La elaboración del siguiente boceto consistió en emplear la estructura craneal del gato para la cabeza, la cara y la barbilla, y después deformarla.

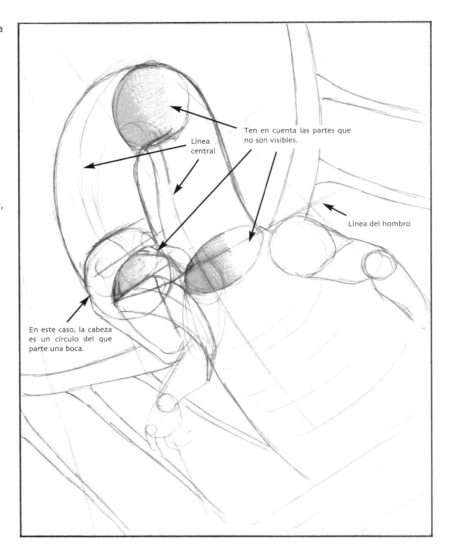

Ten en cuenta las partes que no son visibles.

Línea central

Línea del hombro

En este caso, la cabeza es un círculo del que parte una boca.

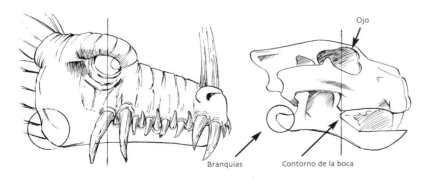

Ojo

Branquias

Contorno de la boca

El siguiente dibujo, el cráneo de un animal perteneciente a la familia de los felinos, es de gran ayuda para comprender el mecanismo de apertura de la boca. Hay que observar la distancia entre el contorno de la boca y la posición de los ojos o de las branquias.

Para el siguiente dibujo, lo idóneo hubiera sido consultar la estructura de un caballo o de los reptiles. No obstante, dado que el animal al que mejor acceso se tiene suele ser un gato, decidimos usarlo como modelo. Practica dibujando animales pertenecientes a distintas categorías para que tu estilo vaya mejorando.

En las manos se aplicó la misma técnica que para las manos humanas.

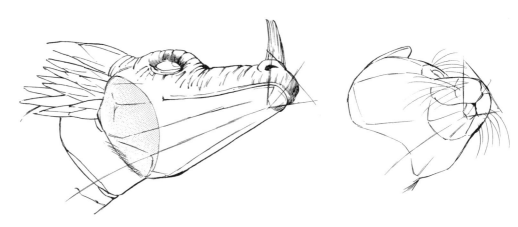

Al igual que la del gato, la estructura de la cara del dragón también es triangular.

Los animales fantásticos no pertenecen a nuestro mundo, así que no es absolutamente necesario que los crees a partir de animales reales. Sin embargo, tus creaciones serían un fracaso si siempre quedaran algo extrañas. Intenta que al menos el esqueleto y el mecanismo de los movimientos se rijan conforme a principios básicos.

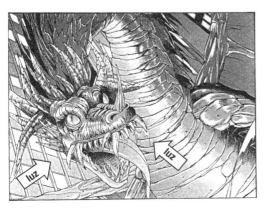

Pega las tramas pensando en la luz de la calle y de los edificios.

Pega tramas al 30% en el edificio y difumina los bordes de las ventanas.

INFORMACIÓN ADICIONAL: USO DEL BLANCO

Es mejor evitar tener la imagen errónea de que la tinta blanca, la negra y las tramas son simplemente instrumentos que se aplican, borran o pegan en el papel. Son instrumentos para dibujar. Si los consideras como tales, podrás aumentar tu capacidad expresiva. Veamos algunos usos de la tinta blanca.

En estos ejemplos se usa la tinta blanca en el edificio y en el tatami, y para realzar la luz y los espacios entre palabras.

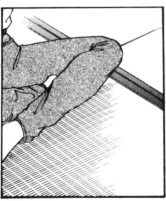

En primer lugar, prepara la plumilla (lo ideal sería una plumilla G).

1. Introduce la plumilla en agua, limpia la punta para que no quede tinta y vuelve a meterla en el agua.

2. Aplica tinta blanca en la punta sin secar el agua.

3. Pon especial atención en que no haya demasiada agua en la punta, dado que podría crearse una masa de agua que goteara en el papel o se extendiera por debajo de la regla. Por otro lado, si la tinta no fuera impermeable, sería muy fácil que se corriera por todo el papel.

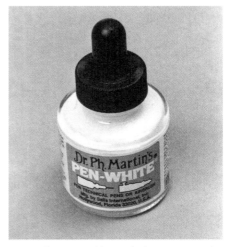

4. Si por el contrario, hubiera poca agua, sería difícil aplicar la tinta blanca. En este caso, introduce la punta en agua para comprobar su estado y, por supuesto, realiza pruebas en un papel normal antes de pasar al original.

5. Si utilizas tinta blanca de la marca Dr. Ph. Martin, no te hará falta humedecer la punta, así que el procedimiento será mucho más sencillo. También te recomendamos utilizar tinta negra impermeable.

Bolígrafo corrector

A veces es muy útil utilizar fluido corrector en formato bolígrafo

La tinta que se acumula en el borde del bote de tinta blanca es idónea para representar las estrellas, explosiones o escombros. Ten en cuenta siempre la cantidad de agua en la punta.

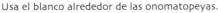

Usa el blanco alrededor de las onomatopeyas.

La tinta blanca también se utiliza para dar brillo y limpiar los alrededores de las onomatopeyas para que éstas destaquen en el dibujo.

También se puede desprender la tinta de la plumilla soplando, o utilizando la técnica de salpicado. Por norma general, haz primero pruebas en un papel normal antes de pasar al original.

RESUMEN: ELEMENTOS DE LA NATURALEZA Y SUS FENÓMENOS

Si dibujas elementos de la naturaleza como hierba, árboles o rocas, o fenómenos naturales como fuego, humo o nubes, es muy posible que no puedas representarlos adecuadamente si te estás fijando en fotos.

ESTO... CREO QUE NO SE PARECE A UNA NUBE...

VAYA...

En una foto, una nube es una nube real a pesar de que pueda tener una forma algo extraña. Sin embargo, si se copiara esa nube, en el papel no tendría por qué parecerse a una verdadera.

Solución

Pinta las nubes de forma que todos reconozcan lo que intentas representar.

Éste es el dibujo de un niño, pero reconocemos perfectamente cada una de las partes que lo componen.

EH, JE, JE

Aquí se han captado correctamente las características de cada elemento, pero por encima de eso, representa las imágenes mentales que tenemos al pensar en una nube o en una montaña.

Los humanos usan en todo momento sus ideas preconcebidas al observar algo por primera vez, por ello tienes que intentar aprovechar este hecho junto con el de poseer imágenes mentales sobre cualquier cosa.

IMAGEN MENTAL

Un detective... Una cosa así...

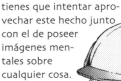

Cuando dibujes, sitúa las imágenes mentales y los dibujos más simples de cada uno de los elementos como base, para ir desarrollándolos y hacer sentir al lector tu propia intención comunicativa.

Capítulo CUARTO
CÓMO HACER UNA HISTORIA CORTA

HISTORIAS CORTAS

Una historia se articula a partir de las acciones que llevan a cabo los personajes (consulta el primer volumen de la colección).

Página 85 de *Cómo dibujar manga*, vol. 1.

PRIMERO, VAMOS A INTENTAR CREAR UNA HISTORIA CORTA.

En una serie las historias se extienden a través de cientos de páginas, donde ...

PLO

PLOM

PLOM

¡OH, NO! ES EL FIN.

JAR, JAR

¡NO TEMAS, MOMO-TARO!

... aparecen personajes entrañables.

URASHIMA TAROO

ANCIANO HANASAKA

PRINCESA KAGUYA

KINTAROO

Por eso, se prolonga la historia e interesa al lector.

MUCHAS GRACIAS, AMIGOS.

¡ADÓNDE VAIS!

FIUNG

Lo contrario de las historias cortas.

ÉSTA ES LA MÍA.

NIA NIA

EN UNA HISTORIA DE POCAS PÁGINAS, SI HAY NUMEROSOS PERSONAJES...

...EL LECTOR NO PODRÁ ASIMILAR TODO LO QUE OCURRE Y EL MANGA SERÁ BASTANTE DIFÍCIL DE COMPRENDER.

VEAMOS POR QUÉ OCURRE ESTO.

¡ATIENDE! ¿EH?

¿SE DEBEN PRESENTAR MUCHOS PERSONAJES?

Personaje: (sustantivo) Cada uno de los seres que toman parte en la acción de una obra.

AJAJÁ...

EL PERSONAJE ES...

...UNO DE LOS ELEMENTOS QUE HACEN POSIBLE UN RELATO, Y COMO ES LÓGICO, CADA UNO POSEE UNA PERSONALIDAD DIFERENTE.

Veamos un ejemplo. Al empezar un nuevo curso, a mucha gente le corresponde una clase donde hay compañeros nuevos.
Cuando hablas por primera vez con un nuevo compañero, es imposible saber qué tipo de persona es.

HOLA.

¿CÓMO TE LLAMAS?

Y... ¿qué tipo de persona era el compañero anterior?

PUES... NO SÉ.

Se conocen desde hace 3 minutos...

Pero... si hacemos la misma pregunta un año después...

AH, ¿AQUEL COMPAÑERO? NO ES MALA PERSONA PERO... SIEMPRE ESTÁ GRITANDO, LE HUELEN LOS PIES Y... ENCIMA ES UN GUARRINDONGUILLO...

...ésta es la respuesta que obtenemos...

Eso es porque después de hacerse amigos han pasado mucho tiempo juntos, y han podido conocer a aquel "personaje" que representaba su compañero.

ES...

...UN SALIDO.

¿POR QUÉ NO TE CALLAS?

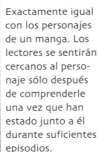

Exactamente igual con los personajes de un manga. Los lectores se sentirán cercanos al personaje sólo después de comprenderle una vez que han estado junto a él durante suficientes episodios.

¡VAYA PERSONAJE!

¡ES GENIAL!

Como es lógico, para presentar cada escena es necesario emplear muchas páginas.

SOY EL PROTAGONISTA.

QUIZÁ SEA UN ROBOT...

¡SOY UN AVENTURERO!

LUCHO POR LA PAZ.

ASESINARON A MI MEJOR AMIGO...

¡SOY EL MEJOR!

Sin embargo... en una historia corta, como es lógico, el número de páginas es muy limitado.

Y encima, hay que dejar clara la situación (y el escenario de los hechos), presentar a los personajes y desarrollar el guión.

Personaje 3

Personaje 2

Personaje 1

Relación entre los personajes

Guión

¿TANTO?

Universo de la obra

Si tenemos en cuenta que la explicación del escenario de la historia y el desarrollo del guión no se pueden dejar de lado...

...el número de personajes será el elemento que se puede reducir.

AY, AY, LA CIÁTICA...

SI HAY TANTOS... SERÁ UN LÍO...

¡EH!

RIVAL

LADRONZUELO 1

PROTAGONISTA

JEFE DE LOS MALOS

PADRE DEL PROTAGONISTA

LA CHICA

LADRONZUELO 2

ESBIRROS

ENEMIGO

MASCOTA

AMIGO DEL PROTA

OTRO AMIGO

No es adecuado introducir multitud de personajes en una historia corta.

Pocos personajes con gran calidad es lo deseable para una historia corta.

¡VAYA!

¡ESFUMAOS! ¡VAMOS! ¡FUERA!

¿QUÉ PASA?

EFE OS LOS

¿YA OS VAIS?

IVAL

ZUELO 1

PADRE L PROTAGONISTA

OTRO AMIGO

IGO EL TA

ONZUELO 2

BUEENO, BUEENO...

ES MEJOR QUE APAREZ-CAN POCOS PERSONAJES PERO...

¿EH?

...SI NO HAY EN ELLOS NADA ATRA-YENTE, ESTAMOS EN LAS MISMAS.

¿NO VALGO PARA PROTA?

¿ALGO ASÍ?

Dema-siado normal...

También es bastante eficaz crear personajes misteriosos.

JIA JIA JIA

Por lo tanto, es necesario dotar al protagonista de una fuerza especial que seduzca a los lectores.

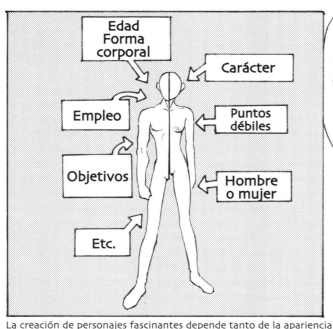

Edad
Forma corporal

Carácter

Empleo

Puntos débiles

Objetivos

Hombre o mujer

Etc.

EL PERSONAJE SÓLO DEPENDE DE TI, ASÍ QUE, ¡ÁNIMO!

¡ÉCHALE GANAS!

La creación de personajes fascinantes depende tanto de la apariencia estética (posturas, forma en sí) como de las facetas psicológicas.
Si consideras todo esto, podrás crear cualquier tipo de personaje.

Ahora, vamos a tratar de contar la historia de Momotaro con pocos personajes de gran calidad.

El malo es imprescindible: un demonio.

El protagonista en primer lugar.

El acontecimiento central de la historia es la lucha entre estos dos, así que...
...con ellos dos podría bastar.

¡YAH!

GRRR

Sin embargo... dos personajes saben a poco.
Y el guión perdería mucho.

MMM, NO ES CUESTIÓN DE QUE ESTÉN SIEMPRE PELEANDO...

Es cuando entran en escena personajes como el perro, el mono, el faisán, la abuela y el abuelo, todos ellos muy entrañables para los lectores.

Considéralos como herramientas para representar claramente el mundo donde habita Momotaro.

Esta pareja de ancianos recogió el gigantesco melocotón de cuyo interior nació Momotaro ('momo' significa melocotón en japonés). Desde entonces, lo cuidaron como si fuera su propio hijo.

Y PENSAR QUE SÓLO ERA UN BEBÉ...

Estos animales se alían con Momotaro en la lucha, a cambio de unos deliciosos pastelitos.

¡PODEMOS HABLAR! PERO... SUCUMBIMOS ANTE LA GULA...

TODOS ELLOS APARECEN EN LA HISTORIA DE MOMOTARO.

¡QUÉ RICO!

¡DANOS UN CACHO!

Gracias a ellos, el relato de Momotaro gana dramatismo.

¡VUELVE PRONTO!

Pero a fin de cuentas, Momotaro y el demonio son los protagonistas de la historia. A esto nos referimos cuando decimos: "Pocos personajes de gran calidad."

TEMAS APROPIADOS PARA HISTORIAS CORTAS

El argumento se basa en la existencia de un protagonista que ocupa el lugar central del guión (para más detalles, consulta el primer volumen de esta colección).

Las historias cortas son relatos en los que es indispensable evitar temas extensos, como por ejemplo el largo camino hasta convertirse en el luchador más poderoso del mundo.

¡CAMPEÓN!

Otro tema similar sería la lucha contra un gran villano pero... hay muchísimos más temas que debemos evitar.

GRRRR

¡A POR ÉL!

GRRRR

GRRRR

En el largo camino hasta convertirse en el luchador más poderoso del mundo hay que derribar a incontables rivales, así que... es casi imposible narrar una historia corta de tal calibre.

Perdedores

GRRRR

VAYA...

Veamos qué temas son adecuados.

¡YA ESTÁS TARDANDO!

En espera del turno

Como puedes ver, la historia se desarrolla con pocos personajes. Si reduces su número desde el principio, tu relato será adecuado y natural.

¡TE QUIE-RO!

Una confesión de amor

Una lucha con un solo enemigo

ES UNA PENA PERO... DADO QUE CADA PERSONA QUERRÁ DIBUJAR ALGO DIFERENTE NO PODEMOS DETENERNOS MUCHO MÁS EN ESTE PUNTO.

Hay muchos géneros: deportes, ciencia ficción, lucha, comedia romántica, humor...

CREACIÓN DE UNA HISTORIA ORIGINAL

Ahora es tu turno de crear una historia corta sin olvidarte de las consideraciones explicadas antes. El primer paso es idear un guión.

Primero escribe el tipo de escena o episodio que quieres dibujar (a veces bastará con algunas ideas plasmadas en frases sueltas y ordenadas).
Entonces...
Pasado (motivo) + Presente (incidente) + Futuro (desenlace)

Considera en todo momento esta fórmula. La elaboración de un guión consiste en escribir un sumario del contenido para dar forma al plano más básico de la historia.

A ESTAS ALTURAS, YA DEBERÍAS TENER UNA VAGA IMAGEN DE CÓMO SERÁN EL PROTAGONISTA Y LA HISTORIA.

GLUP

¡ELÍGEME A MÍ!

¡NO, A MÍ!

Y NO TE OLVIDES DE REDUCIR LOS PERSONAJES AL NÚMERO ESTRICTAMENTE NECESARIO.

PERSONAJES

A continuación, crea los personajes.
Tras esto hay que volver a pensar la historia con todos los personajes.

Estructura de la historia

Elabora la estructura de la historia teniendo en cuenta especialmente la representación de los momentos estelares y los detalles premonitorios que dejen entrever poco a poco el desarrollo.

OTRA HERMANASTRA.

VAMOS A VER QUIÉN COME MÁS...

HALA... NO ME DI CUENTA...

HERMANASTRA.

ESTÁN RICAS, ¿VERDAD?

¡PERO SI ACABO DE FREGAR!

¡MECACHIS!

Las perversas hermanastras de Cenicienta siempre la estaban molestando...

¿UH?

¡VAYA PIERNA!

Al final, se une en matrimonio con el príncipe (un poco fetichista el pobre).

En "La Cenicienta", los días de maltratos en casa y los deseos de ir al baile son el pasado (motivo), la aparición del hada y el viaje hasta el castillo son el presente (incidente) y la unión con el príncipe es el futuro (desenlace).

Este catártico tipo de narrativa se puede observar en gran parte de las obras que llegan a ser grandes éxitos. El desenlace tiene que ser sobrecogedor y constituir el clímax del relato.

Catártico: estilo narrativo en el cual el dramatismo continúa hasta que se llega a un final liberador.

El clímax es el punto en el que, tras acumularse escenas y detalles premonitorios, la trama de la obra se revela completamente. Por tanto, no debes pensar en cada escena como algo separado de la trama. Además, las historias cortas no constan de tantas páginas como para permitir dar muchos rodeos.

¡CUANDO ESTÉS REDACTANDO EL GUIÓN, REFÓRMALO TANTAS VECES COMO SEA NECESARIO HASTA QUE LO CONSIDERES INTERESANTE!

Una escena así es ideal para el final...

Un consejillo

Utiliza los detalles premonitorios (de los que ya hablamos en el apartado anterior) para que el lector "se huela" qué va a ocurrir. Veamos el ejemplo de Cenicienta.

VUELVE ANTES DE MEDIANOCHE.

¿TAN PRONTO?

SI NO... TE PUEDE OCURRIR ALGO HORRIBLE...

¿QUÉ? ¿QUÉ? ¡DÍMELO!

A ESA HORA, LA MAGIA...

¡PERO...

TIC-TAC TIC-TAC

...SI SÓLO QUEDAN TRES HORAS!

LUEGO NO ME ECHES LAS CULPAS...

¡PASOOO!

CATAPLOP
CATAPLOP
CATAPLOP

¿Que ocurrirá a medianoche?

Ésta es una forma de usar los detalles premonitorios.

MMM... AHORA HAY QUE CREAR DIÁLOGOS APROPIADOS PARA CADA PERSONAJE...

FFF, ¡ME LAS VOY A VER NEGRAS!

ASIGNACIÓN DE PÁGINAS

Una vez que completes la trama, añade el diálogo y la descripción de las escenas para dejar listo el guión.

LO MEJOR ES LLEVAR A CABO ESTA TAREA UNA VEZ COMPLETADO EL MISMO.

A continuación, se asignan las páginas para cada parte del guión.

Método

Divide el guión en escenas.

En el caso de Momotaro...

Mientras la anciana hacía la colada junto al río, ve un melocotón que fluye río abajo y lo recoge. Ésta es la primera escena.

CHOP CHOP CHOP

¡MIRA!

¡ME LO QUEDO!

SPLASH

Ahora cambia el escenario.
La anciana se lleva el melocotón a casa.

Y cuando lo parte en dos...

Surge un bebé de su interior.
Hasta aquí tenemos otra escena.

¡CHACA!

DICEN QUE SUELE OCURRIR...

¡DIOS MÍO!

DE 1 A 4 PÁGINAS POR ESCENA. NUNCA OLVIDES ESTO.

JE, JE, JE... PERO QUÉ SE CREEN ÉSOS...

¡ESO SON TRAMPAS! ¡NO VALE!

Episodio 1

Episodio 2

Episodio 3

Episodio 4

No importa que emplees bastante espacio en los momentos estelares de la historia o para dejar la trama más clara. No obstante, si asignas más de 5 páginas para una escena, no te quedará espacio para meter otras.

FALTA DE PÁGINAS

En ocasiones, te darás cuenta muy tarde de que el guión está demasiado detallado y por tanto, necesitará más páginas de la cuenta. Esto ocurre con frecuencia. En estos casos, intenta abreviar el guión.

En el caso de Momotaro, hemos suprimido la recogida y el corte del melocotón.

SPLASH

Veamos el resultado.

La anciana advierte que el melocotón se aproxima.

CHOP, CHOP, CHOP

Después de presentar la casa..

... colocamos directamente la ilustración donde aparece el bebé.

¡CHAKA!

AYAYAYAY AYAYAYAY

¡DIOS MÍO!

Aunque se hayan suprimido las partes arriba indicadas, la historia no se ve afectada, y el lector comprende el contenido.

DICEN QUE ESTO SUELE OCURRIR...

A pesar de todo, los lectores no entenderán la historia si sólo se representan las partes importantes y escenas clave del guión.

La abreviación es una labor que tiene el fin de proporcionar un mayor número de páginas a las partes importantes. Nunca puede convertirse en una tarea que debilite la consistencia de la historia.

¡YA TE HE DICHO QUE NO LA VAYAS ENSE-ÑANDO POR AHÍ!

¡AGH!

ESTA CICATRIZ ES DE UN PEDAZO DE MACHETE.

FUNDAMENTOS DE LA DISTRIBUCIÓN DE VIÑETAS

Es necesario que tengas en cuenta la dirección en que se mueven los ojos cuando distribuyas las viñetas (viñeta 2).

ES IDÉNTICO A LA LECTURA EN JAPONÉS, DE DERECHA A IZ-QUIERDA.

¡LA RAZÓN ES MUY SENCILLA!

Dirección

EN EL CÓMIC JA-PONÉS, LA DI-RECCIÓN ES DE DERECHA A IZQUIER-DA.

CUANDO DOMINES ESTOS PRINCIPIOS BÁSICOS, SERÁS CAPAZ DE INTRODUCIR CAMBIOS EN LA DISTRIBUCIÓN, PERO TEN EN CUENTA QUE LO MEJOR ES UNA ASIGNACIÓN QUE POSIBI-LITE UNA LECTURA FÁCIL.

En un manga fácil de leer se ajustan los dibujos al desarrollo, y las viñetas avanzan de derecha a izquierda y de arriba abajo.

Estima un máximo de 6 ó 7 viñetas por página.

Ahora distribuye las viñetas considerando distintas composiciones

Picado

Nivel de los ojos

Contrapicado

Plano general (toda la habitación)

Plano general (largas distancias)

Plano general (cuerpo completo)

Estructura las viñetas con el fin de que los lectores comprendan sin esfuerzo la situación a partir de estos ejemplos básicos.

Primer plano (de un detalle)

Plano medio

La estructura del siguiente dibujo es fácil de comprender.

El texto es idóneo para dar a entender la situación.

Ejemplo de organización de viñetas

La segunda viñeta es una panorámica que aclara el lugar y la hora de la situación. Se puede ver a los estudiantes hablando en los pasillos, así que la escena deberá desarrollarse en las horas libres.

El lugar aparece en la primera viñeta.

La tercera viñeta es una ampliación que presenta al personaje deseado.

La cuarta viñeta vuelve a una panorámica que muestra la situación.

Cuando dispongas la organización de las viñetas, ten en cuenta que si usas un solo ángulo, el resultado quedará muy monótono.

La acción determinará cómo se desarrollará la historia en las viñetas, aunque existen algunos requisitos básicos.

En la panorámica tendrás que dejar claro:
★ la posición de los personajes,
★ el desplazamiento de los personajes,
★ la descripción del nuevo lugar, si éste hubiera cambiado.

Sigue estas pautas cuando haya ocurrido cualquier cambio.

Cuando la escena cambia, representar un fondo completamente diferente es una señal muy eficaz.

Si una escena acaba a mitad de página, inserta un nuevo fondo para mostrar el cambio. Sin embargo, no basta sólo con unos cuantos edificios, luces o elementos de la naturaleza. Intenta ser imaginativo y usar el ejemplo organizativo de dos viñetas (o estructuras similares) explicado en la página anterior.

◄ Escena anterior

◄ Escena posterior

Representación del fondo

Reflexionemos un poco sobre este tema.

Dibuja al menos una viñeta de fondo para cada escena.

Una ilustración de los edificios de la escuela no es nada representativa de la franja horaria a la que los estudiantes entran en clase.

Sin embargo, si se dibujan multitud de estudiantes saludándose, es muy fácil captar la situación. Considera esto cuando crees el fondo.

Las ampliaciones se utilizan cuando es difícil mostrar algún detalle o explicar algo por medio de dibujos pequeños.

Si cumples todas estas reglas, seguro que podrás idear una estructura de las viñetas que haga tu obra fácil de entender.

MOVIMIENTO DE LOS PERSONAJES

El movimiento en el manga consiste en crear una sensación de desplazamiento por medio de una sola viñeta. Un sencillo método para esto es la introducción de algunas líneas.

Líneas cinéticas

Imágenes consecutivas (llamadas en japonés 'fantasma') Fantasma: consiste en la deformación de imágenes consecutivas para reflejar velocidad en el movimiento.

Y LAS ONOMATOPEYAS...

Éstas darán a entender pequeños movimientos, estados mentales, movimientos continuados...

GRRR

¡HMPF!

¡SLASH!

JA, JA

PUMBAA

Nos permiten también transmitir sensación de poder.

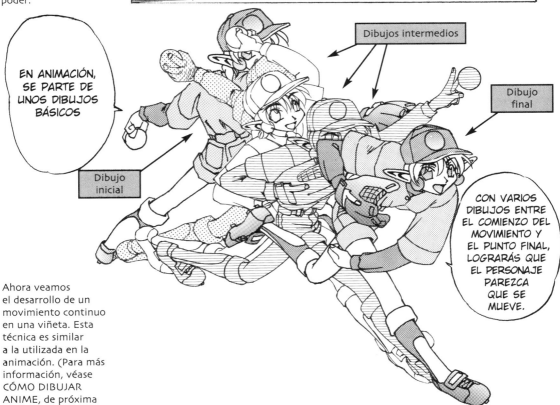

EN ANIMACIÓN, SE PARTE DE UNOS DIBUJOS BÁSICOS

Dibujos intermedios

Dibujo final

Dibujo inicial

CON VARIOS DIBUJOS ENTRE EL COMIENZO DEL MOVIMIENTO Y EL PUNTO FINAL, LOGRARÁS QUE EL PERSONAJE PAREZCA QUE SE MUEVE.

Ahora veamos el desarrollo de un movimiento continuo en una viñeta. Esta técnica es similar a la utilizada en la animación. (Para más información, véase CÓMO DIBUJAR ANIME, de próxima publicación.)

Tanto en el manga como en la animación se suelen emplear patrones como el siguiente (dibujo inicial y final). Así, las viñetas están conectadas, y da sensación de movimiento.

EL FUNDAMENTO DEL DESARROLLO DE MOVIMIENTO ES PARTIR DE UN DIBUJO INICIAL Y OTRO FINAL QUE PAREZCAN CONECTADOS.

PERO LAS POSIBILIDADES NO SE LIMITAN AL EJEMPLO DE ARRIBA, QUE UTILIZA VIÑETAS DEL MISMO TAMAÑO.

POR EJEMPLO, ESTA VIÑETA ES PEQUEÑA PERO....

...AUNQUE EN LA SIGUIENTE VIÑETA CAMBIE EL TAMAÑO Y LA COMPOSICIÓN, ES FÁCIL ASOCIARLA CON LA PRIMERA Y COMPRENDER EL MOVIMIENTO.

Movimiento en tres viñetas.

Organización que sugiere movimiento.

COMPOSICIÓN EQUILIBRADA

HMMM

CON FRECUENCIA SE PUEDEN ENCONTRAR OBRAS EN LAS QUE SE HA CONSEGUIDO UNA COMPOSICIÓN MUY EQUILIBRADA, A PESAR DE QUE HAYA GRANDES ESPACIOS EN BLANCO.

ESO DEPENDE TAMBIÉN DEL ESTILO PERO... LA TÉCNICA DE "COMPOSICIÓN TRIANGULAR" ES MUY ÚTIL.

¿COMPOSI-CIÓN TRIAN-GULAR?

HUY, ESTÁ FLOTANDO.

En el dibujo de la izquierda aparece un extraño desequilibrio.

Si ponemos un marco en el espacio blanco, la situación cambia. Así obtenemos un buen equilibrio.

TENLO PRESENTE, ¿VALE?

Estos elementos, dispuestos en forma triangular, dotan al dibujo de equilibrio. Ésta es la técnica de "composición triangular".

En resumen, si dibujas algo que resalte en los espacios blancos, conseguirás equilibrio. Es tan simple como en estos dibujos (bocadillo, cielo, hojas, sólo un elemento en cada uno). Con sólo hacer esto, el dibujo presenta una apariencia estable. Esta técnica es básica, así que no seas muy rebuscado e intentes llenar demasiado las viñetas.

Primer ejemplo

Segundo ejemplo

Tercer ejemplo

LECTURA DE LAS VIÑETAS

Aunque tengas un guión interesante y tus dibujos sean excelentes, el manga será aburrido si no se ha realizado una hábil distribución de las viñetas. Veamos en qué es necesario fijarse.

EJEMPLO 1   EJEMPLO 2

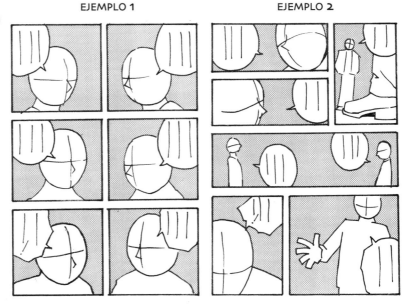

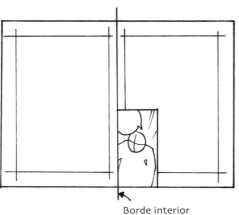

Borde interior

Las escenas que se deseen resaltar no deben situarse en el borde interior, y los diálogos han de ser breves.

La distribución del primer ejemplo es demasiado monótona. Intenta usar siempre viñetas de distintos tamaños y formas. En el segundo ejemplo se ha utilizado esta técnica con bastante eficacia. Tampoco debes permitir que la distribución de viñetas de dos páginas consecutivas sea idéntica.

ESTA PARTE ES MUY IMPORTANTE, PUES CON ELLA REALZARÁS LA TÉCNICA DE TUS DIBUJOS.

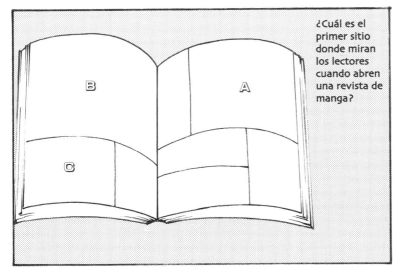

¿Cuál es el primer sitio donde miran los lectores cuando abren una revista de manga?

La respuesta es... B

¡BURRO!

¿QUÉ?

La razón no está muy clara... ¿porque la revista se abre por la derecha? ¿por la forma de sostener la revista?... ¿?

Los cómics japoneses se abren por la derecha.

Por ello, debes situar en la posición de B el dibujo que deseas resaltar (siempre y cuando no estés dibujando un manga en sentido occidental, claro).

Utilizando esta técnica, no sólo mejorará esta misma página, sino que la obra en su totalidad ganará muchos puntos.

¡UAUH, ESTO PARECE INTERESANTE!

NO ES POSIBLE REALIZAR TODOS LOS TIPOS DE PÁGINAS QUE REQUERIRÍA UN GUIÓN...

...PERO AL MENOS, PIENSA UNA DISTRIBUCIÓN DE LAS VIÑETAS QUE FACILITE LA LECTURA.

Lo ideal es que A contenga el resultado de la página anterior, y C, algo que dé ganas de leer la siguiente página.

LOS MOMENTOS CLAVE

QUEDA MUY VISTOSO EL USO DE GRANDES VIÑETAS EN EL CLÍMAX DE UNA HISTORIA. EN ESTA SECCIÓN VAMOS A ESTUDIAR CÓMO REALIZAR VIÑETAS QUE OCUPEN UNA PÁGINA COMPLETA.

Método

Une dos páginas pegando cinta adhesiva en el dorso. No uses celo porque con el tiempo se deteriorará y se volverá amarillento. Utiliza algún tipo de cinta más gruesa, como esparadrapo o similares.

1. Fija las páginas con pequeños trozos de cinta.

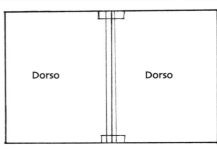

Dorso   Dorso

2. Pégalas bien usando la cinta a lo largo de los bordes.

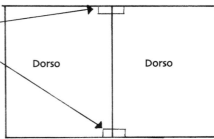

Dorso   Dorso

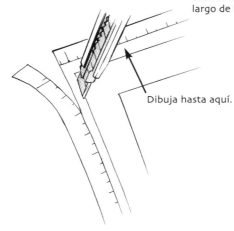

Dibuja hasta aquí.

Cuanto utilices papel milimetrado, reduce el marco a 46 cm.

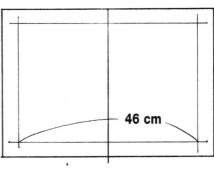

46 cm

Un Consejillo
Pegado de tramas en los bordes

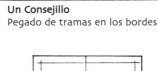

Es fácil que la trama se despegue si la doblas.

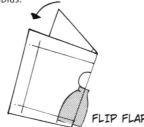

FLIP FLAP

Corta la trama en el punto donde se unen las dos páginas.

Justo aquí

El comienzo de la historia

La introducción de la historia debe ser capaz de atraer lectores. Veamos cómo deberían ser tanto el dibujo (incluida la distribución de viñetas) como el guión en esta parte.

Al principio es necesario presentar al protagonista, el mundo en que se desarrolla el relato, los fondos, etc.

Por norma general, el protagonista aparecerá desde el comienzo.

Aunque no aparezca físicamente, debes utilizar algún recurso que deje clara su presencia. Una posibilidad es que otros personajes hablen sobre el protagonista.

Por pedir...

...eso exactamente.

EDITOR

NECESITAMOS CONSEGUIR ALGO QUE ENGANCHE AL LECTOR.

No es tan fácil como parece...

¿No tienes otras cosas en la cabeza?

YA ESTAMOS.

YA ESTÁ EL TÍO PENSANDO COSAS RARAS...

TIENE TODA LA RAZÓN, LO MEJOR ES USAR LAS CUATRO PRIMERAS PÁGINAS

PARA REPRESENTAR DIBUJOS MUY COMPLETOS QUE ENTREN POR EL OJO Y SEDUZCAN A LOS LECTORES.

MMMMH, UN COMPLETO...

PRECAUCIONES AL REALIZAR EL DIBUJO DEFINITIVO

La tinta se correrá si la grasa de las manos impregna el papel.

LÁVATE LAS MANOS ANTES DE COMENZAR.

FLUOSH

¡AAH!

Coloca siempre un papel bajo la mano que sujeta la plumilla.

Con esto se evitan tanto los efectos negativos de la grasa, como que se ensucien o vayan desapareciendo las líneas hechas a lápiz.

¡UAAAAAH!

Utiliza bocadillos de gran tamaño.

Dibuja las letras correspondientes a gritos en un tamaño mayor.

Como curiosidad, sabed que el tamaño de los caracteres japoneses dentro de los bocadillos es de 5 x 5 milímetros. Siete caracteres por línea es idóneo. Primero, se suelen escribir a lápiz con cuidado.

Siete caracteres

Las plantillas te pueden ayudar cuando no te sientas seguro.

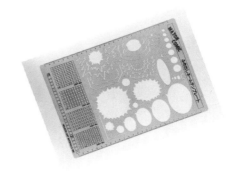

LOS EFECTOS DE INVERSIÓN A NEGATIVO COMO EN ESTA VIÑETA...

...O EL MONTAJE DE TEXTO SOBRE LAS TRAMAS, SE HACEN EN LA IMPRENTA. TAN SÓLO HAS DE INDICARLES LOS EFECTOS Y EL LUGAR DONDE EFECTUAR LOS CAMBIOS.

Para esas indicaciones se usa papel vegetal.

Superponlo sobre el original.

Dóblalo un poco y fíjalo con cinta adhesiva.

Para solicitar una inversión a negativo en una viñeta, rodéala de rojo e indícalo.

Inversión

En el supuesto de que solicites un montaje de texto, te bastará con colocar papel vegetal sobre la sección deseada.

La editorial se encarga de esto, así que deja el espacio libre que corresponda.

NO ESCRIBAS TAMPOCO EL TÍTULO DE LA PORTADA.

Título

MÉTODOS PARA LLEGAR A SER DIBUJANTE DE MANGA

HAY CONCURSOS DE MANGA, AUNQUE MEJOR TE RECOMENDARÍA...

...MANDAR TUS OBRAS A LA EDITORIAL DIRECTAMENTE.

Los editores te podrán aconsejar cuando lean tus obras.

¡BUEN PERSONAJE!

EDITOR

¡YA VEO!

Para esto deberás concertar con anterioridad una cita por teléfono.

Si piensan que la obra tiene calidad, pueden presentarla ellos mismos a un concurso de futuras promesas (previa autorización del dibujante).

Aunque el nivel no sea suficiente, al menos sabrás en qué fallas.

¿LO PRESENTAMOS A CONCURSO?

¡SÍ!

EDITOR

Precaución número 1

CADA EDITORIAL DECIDE EL NÚMERO DE PÁGINAS DE LAS OBRAS.

GENERALMENTE SON MÚLTIPLOS DE OCHO, SIN PASAR DE MUCHO MÁS DE 30.

Eso es porque si la obra es muy larga, es fácil aburrirse, y también...

POM-POM
POM-POM
POM-POM

OR

¿80 PÁGINAS?

Un mes para una obra de 32 páginas (dos meses si hay que entregar boceto)...

...porque quieren elabores una obr poco tiempo.

RAS RAS
CHAKA CHAKA

CON UNA HISTORIA DE 32 PÁGINAS AL MES EN VEZ DE UNA DE 60 EN DOS MESES, PODRÁS CURTIR MEJOR TU HABILIDAD COMO GUIONISTA.

Lo bueno, si breve, dos veces bueno.

...te ganarás el apoyo y la confianza de todos.

¡SÍ QUE LE ECHA GANAS!

MMMM, YA VA MEJORANDO

GRRR

¿ESTÁ BIEN?

Manda tus obras siempre al mismo sitio para que recuerden tu nombre y tu cara... quizás con el tiempo sirva de algo... (¿un trabajo?)

LA PRÓXIMA VEZ, TRAE TUS GUIONES.

A medida que mejores aumentará la confianza e incluso puede que te digan dónde podrías trabajar como ayudante si lo pides.

ME LLAMO SUIKA.

¡ESTA CHICA TIENE FUTURO!

EDITOR

EDITOR

Desde ese momento, los comentarios del editor serán muy rigurosos.

ESTO ES UNA PORQUERÍA...

¡PFFF!

EDITOR

¡NO TE DESINFLES AQUÍ!

¡ES UNA SEÑAL DE QUE PIENSAN QUE TIENES FUTURO!

¿EN SERIO?

¡Ánimo!

Precaución número 2

NO OBSTANTE... TAMBIÉN PUEDES FRACASAR SI SÓLO ESCUCHAS EL CONSEJO DE LOS EDITORES.

EJEM

Los editores dan consejos pero... no son expertos en elaborar relatos interesantes.

Por ejemplo... si cambias absolutamente todo tu estilo según la opinión del editor.

RAS RAS

NO ME CONVENCE...

¿QUÉ ES ESTO?

¿NO LO QUERÍAS ASÍ?

EDITOR

IDEAS SUIKA

Los editores se limitan a proporcionar ideas y sugerencias. Depende de ti enteramente emplearlas o no para elaborar una historia INTERESANTE. ¡Es tu objetivo si quieres llegar a ser profesional!

Sin embargo... es probable que te hundas si rechazan tus obras varias veces y no sepas cómo continuar...

BZZZ BZZZ

¡UUH, QUÉ GÜAY!

¡Date un respiro! Descansa hasta que aclares tus ideas...

¡TE ESTÁS PASAN-DO!

PAM

JUA JUA JUA

BEER

Con perseverancia
podrás ganar incluso
algún concurso.

¡HE
GANADO!

PRIMER PREMIO
BOMBER!
SUIKA

Y... con el tiempo publicarán
tu primer tomo recopilatorio...

BUAAAAAA

¡NUNCA HE
SIDO MÁS
FELIZ!

Publicar es lo fácil pero...

¿EH?

¡VAYA, CON LO
EMOCIONADA QUE
ESTABA!

A partir de
entonces empieza
lo duro...

UN
MASA-
JE.

PARECE QUE
TUS OBRAS NO
GUSTAN...

EDITOR

AQUÍ
TIENES.

SUSHI

Opiniones
negativas de los
lectores

Fin del trabajo

¡TEN-
GA!

Ante tal situación... tendrás
que empezar desde el principio, desde cero.

FIUUUU

¡NO ABANDONES
POR UN PAR DE FALLOS!
¡SI SIGUES ADELANTE,
ALGÚN DÍA SERÁS
PROFESIONAL!

Triunfar no es
fácil...

NO ME HABÉIS DEJADO...

¿QUÉ OS HA PARECIDO EL TERCER VOLUMEN?

JUA JUA JUA

UNAS PALABRAS, SEÑOR EGAKI.

...

BSBSBS

PARA FINALIZAR ESTE VOLUMEN...

Mangaka Ippei Egaki

...HE DE DECIROS QUE...

SUFICIENTE.

...EL MANGA ES...

¡GRACIAS A TODOS!

¡ÁNIMO! ¡NO NOS DECEPCIONÉIS!

¡HASTA PRONTO!

APROVECHA EL CONTENIDO DE ESTE LIBRO Y MEJORA PRACTICANDO.

¡AH!